두란두런 을빛화실의 곰

이혜남 에세이집

도란도란 은빛화실의 꿈

발 행 2025년 07월 31일
지은이 이혜남
펴낸곳 도서출판 태원
24349 강원특별자치도 춘천시 서부대성로 110-2
TEL (033)255-0277 E-mail tw0277@hanmail.net

ISBN 979-11-6349-143-9 03810

값 13,000원

ⓒ이혜남, 2025, korea

이 책은 저작권법에 의하여 보호를 받는 저작물이므로 무단 전재와 복제를 금합니다.

이 도서는 강원특별자치도 강원문화재단 후원으로 발간되었습니다.

도란도란 올빛화실의 김

이혜남 에세이집

도서출판 태원

| 책머리에 |

삶의 여정도 약속이다

봄내 공지천에 벚꽃이 새털구름처럼 피었다. 멀리 창밖으로 연분홍 벚꽃 터널이 주말 비 소식에 지는 게 아쉬워서 나갔다. 어떻게 할까? 망설이다 보면 보이지 않던 곳이 눈에 들어온다. 얼마 전부터 발 감각이 무뎌지는 느낌이 있었다. 단순하게 운동 부족이라 생각되어 걷기로 했다. 지난 가을부터 자신에게 약속하고 걷기 시작했다. 해가 지면 공지천 강바람 둑길을 지나거나 소양강 물레길을 혼자 산책하듯 걸었다. 제법 꾸준한 실천으로 겨울을 보내며 눈도 내리고 길이 얼어 미끄러워도, 해가 짧아져 어둠이 빨리 내려오는 추위를 맞서며 걸었다.

어느새 벚꽃 피는 꽃길 좋은 계절까지 왔다. 자연이 계절에 맞게 살아가는 모습과 햇빛이나 날씨로 변한 풍경을 바라보며 걷는 것은 소소한 행복감을 준다. 무엇보다 새로운 자신과도 만나게 된다. 걸으며 눈앞에 보이는 풍경에 마음을 기울여보는 일은 생각에만 머물렀던 하고 싶은 일을 다시 찾게 되기도 한다.

걷기 시작한 지 6개월이 지났다. 걷기는 내가 내게 한 약속이었고, 작은 첫 도전이었다. 삶의 여정도 약속이다. 걷기의 시작은 내 삶의 속도를 찾고 싶어서였고, 삶을 제대로 마주 보고 싶어서였으며, 가쁘게 살아오던 삶의 모습에서 잠시 멈춰보고 싶었기 때문이었다. 내 안의 시간으로 흐르고 싶은 평온한 마음을 기대한 것이었다.

지난해는 내 인생길에서 잊을 수 없는 아픈 일도 겪었고, 또 인생 2막에 다시 리모델링을 시작하였다. 첫 번째는 교직 퇴임 여행을 코로나19 팬데믹으로 오랫동안 미루다 40년을 같이한 친구들과 푸른 오월에 스페인을 여행한 일이었다. 그러나 버킷리스트의 하나로 이뤄낸 그 멋진 여행은 돌아와 아름다운 추억으로 남기도 전에 친구와의 슬픈 이별 여행으로 기억되고 말았다. 여행에서 돌아온 친구가 갑자기 입원해서 예고도 없이 한 달 만에 저 하늘에 로사(세례명) 별이 되어 떠났다. 갑작스러운 이별이 못내 믿어지지 않아 우울감으로 나른한 몸을 추스르지 못하고 오랫동안 방황한 슬픔이 남는 해였다.
　두 번째는 인생 나눔 교실의 멘토가 되어서 '도란도란 은빛화실'이라는 사별 미술 심리치료 봉사를 시작한 것이다. 노인복지관에서 시니어 멘티들의 굴곡진 다양한 삶의 이야기들을 함께 나누고 공감하며 잊을 수 없는 감동을 나눈 시간이었다.

　어느덧 40년 교단을 마무리하고, 퇴임한 지 6년이 흘렀다. 다시 머물러 있는 자신을 보며 칠순을 앞두고 새로운 도전을 시작하기로 했다. '도전'이란 단어가 이제 내게 비장하거나 무겁지는 않다. 나이 들어가면서 마음은 단단해지기보다는 가볍고 소소하게 비워지는 느낌이다. 지금의 도전은 그저 하루하루 내가 지켜야 할 아주 작은 성공들이다. 젊어서 도전은 당장 실현이 가능한 목표가 확실하게 지키고 이루어야 하는 약속이었다. 하지만 이제는 인생을 수확하는 늦가을 들녘같이 바라보고 싶다. 추수한 열매들은 쭉정이를 골라내 듯 가려내는 것이다. '거둔다'라는 의미는 충분히 자라도록 완성하는 자신의 노력일 것이다. 이제 내게 남겨진 삶을 좀 더 의미 있게 정리하고 싶어서 에세이를 쓰고 있다.

 요즈음 한 걸음 내디딜 때마다, 예전과 달라진 내 모습이 자연스레 겹치며 속웃음을 웃는다. 작년 한 해를 무겁게 보내며 새로운 도전을 시작했다. 지난해 맞닥뜨렸던 그 이야기들을 글로 써 보기로 했다. 하늘의 별이 된 친구의 1주기도 어느새 가까워져 온다. 쓰고 싶은 〈도란도란 은빛화실의 꿈〉이란 제목으로 연말 '강원문화재단 전문 예술인 입문 지원' 공모에 선정되는 행운이 겹쳤다. 갑자기 떠난 친구와 스페인 여행 중에 나눈 이야기와 약속하지 못한 도전의 꿈을 에세이로 쓰고 있다.
 책을 쓰는 것이 첫 도전은 아니다. 퇴임 후 도서관에 다니며 자서전을 두 권 썼고, 강원문화재단『모레도, 뭘 해도 청춘』 프로젝트에 선정되어 첫 수필집도 완성했었다. 그러나 이번 '도전'과는 마음가짐이 다르다. 불안이란 감정은 회피할 때 몸집이 더 커지는 것 같다. "내 글을 써 보겠다."라고 마음먹으면 그게 도전의 시작점일 것이다.

 좋으면 좋은 대로, 싫으면 싫은 대로 그다음 발걸음으로 자연스럽게 연결할 수 있는 나이가 되어간다. 지금까지의 내 삶의 모습과는 다른 사별 미술심리치료에 함께한 '도란도란 은빛화실' 멘티들의 다양한 굴곡진 삶의 모습과 꿈을 함께 행복하게 쓰고 싶다. 멘티들과 교실에서 소통한 이야기와 열정들을 나누며 쓴 글은 '공무원연금공단'의 퇴직 공무원 사회공헌 수기 공모전에서 우수상을 받기도 했다.

  이 글에 중요한 '결'과 '공감'과 '열정'을 소통하며 정리하고 쓰는 것은 아직은 부족함을 느낀다. 한 권의 책으로 발간되고 나면 '이전의 나'와는 좀 더 성숙한 조금 더 다른 내가 되어 문을 열고 있을 테니 기대가 된다. 책을 쓰는 동안은 내 마음을 가다듬는 시간이다. 쓰는 일에 오롯이 마음을 기울이고 다잡는 시간이다. 허둥거리지 않고 마음의 평온과 자신감은 여유로 다가온다. 이 시간을 통해 한층 정돈되며 서서히 인생 곳곳에서 형태가 보이기 시작했다.

  남겨진 친구들의 희망 약속을 완성하지 못한 채, 하늘로 먼저 떠나간 '로사'의 컴퓨터에 숨어 있는 오래 쓰고 있는 동화를 찾아 유작으로 완성되기를 꿈꾼다. 책이 발간되면 떠난 친구에게 먼저 보내주려 한다. 아마 그녀를 빼닮은 수국꽃이 피는 유월이 지나면 기다리던 나의 책도 세상에 나오겠지….
  비 갠 하늘의 무지개를 쫓아가는 아이처럼, 몹시도 기다려지는 유월이다.

2025년 유월, 푸르지오에서. 이 혜 남

|축하의 글|

〈도란도란 은빛화실의 꿈〉에 부쳐

이복수 박사·평론가
(강원문인협회 자문위원)

여섯 살, 유년의 기억은 슬프도록 아름답다.

슬프도록 아름다운 〈여섯 살의 자화상〉은, 그래서 오래도록 작가의 마음속에 살아 숨 쉬고 있다. 그곳은 영혼의 고향 같은 안식처이다. '여섯 살의 자화상'과 〈땅에 쓰는 詩〉 등 이혜남 수필가의 에세이는 행간마다 따뜻한 기운과 생동감이 전해져 온다. 이는 그가 자신의 삶과 인생에 대하여 그만큼 진지하게 사유하고 뜨거운 열정을 가졌기 때문이다.

이혜남 수필가는 대체로 대상과 사물들의 내적 서정성에 기댄 감성적 표현보다는 서사적이고 주지주의적으로 이를 眺望하며 드러내고자 한다. 그런 연유로 편 편마다 글의 주제가 선명히 드러나고 행간에 힘이 있다. 또한, 현상의 리얼리티를 바탕으로 하면서도 관조와 성찰의 자세를 유지하는 작품세계는, 오랜 교직생활과 다양한 경험 등으로 축적된 논리적 사고와 이를 전달하고자 하는 유연한 감각에 있다 할 것이다.

그의 작품들에는 일관되게 삶에 대한 부단한 탐구와 치열한 내적 성찰이 배어있는데, 이는 강한 독서의 힘이 아닐까 생각한다. 특히, '땅에 쓰는 詩'와 '도란도란 은빛화실의 첫만남'에서 보듯 교직 은퇴 후에도 각종 문화예술 활동을 통해 끊임없이 生의 地平을 열고자 배우고 또 가르치고 이를 즐기는 열정이야말로 문학적 자강불식의 경지가 아닌가 여겨진다.

 수필은 '영혼이 숨 쉬는 집을 세우는 작업'이다.
 삶과 인생의 진정한 가치와 진실을 찾아 끝없이 묻고 답하는 인문적 훈기 충만한 그의 에세이들은 편 편이 그간의 노력과 성과를 여실히 보여주고 있다 하겠다. 원숙한 인생 경지에서 우러난 곡진한 삶의 페이소스가 독자들 곁으로 다가가리라 여기며, 에세이집 〈도란도란 은빛화실의 꿈〉 발간을 진심으로 축하드린다.

 끝으로 〈토마스 울프〉가 지향한 세계 - '고향보다 더 정답고 이 지구보다도 더 큰 땅'을 찾아 더욱 정진하시기를 기대해 마지않는다.

| 차 례 |

책머리에 | 삶의 여정도 약속이다_ 4
축하의 글 | 〈도란도란 은빛화실의 꿈〉에 부쳐_ 8

1부 여섯 살의 자화상

여섯 살의 자화상_ 17
고향 집 따뜻한 봄날, 엄마의 기억_ 21
나에게 쓰는 글_ 28
가족사진_ 33
어머님! 고마워요_ 39
젊은 날, 아버지의 초상화_ 44
정이야! 건이가 "깍쟁이래"_ 49
국내 최초 '인공지능 드론 쇼' 꿈을 성공한 아들_ 57
S대기업에서 IT연구로 열정적인 딸_ 67
유후인 여행의 '인생 컷'_ 77

2부 교단 40년의 기억들

첫 교단 벽지에서 '하얀 싸리꽃'의 그리움_ 85
태백 탄광촌에서 보낸 야간수업_ 93
춘천중 교정에 피어나는 목련꽃_ 97
DMZ 펀치볼 해안중 '벽화 작품' 프로젝트_ 104
교단 40년 마지막 수업_ 109
난 성공한 인생이야!_ 113
동재와의 만남_ 119
동국대 교수 효정이 도전_ 124
팔레놉시스 난꽃_ 129
금강산 '1만 2천 봉' 여정_ 134

3부 도란도란 은빛화실의 꿈

'도란도란 은빛화실'의 첫 만남_ 141
'학사모 영정 사진'의 간절한 꿈_ 148
마을 신문 기자의 '행복한 할머니' 자서전_ 153
S 멘티의 대단한 열정_ 160
인생 후반 '미술 심리치료' 재능기부의 즐거움_ 166
사월, 벚꽃길을 걸으며_ 170
유월엔 수국꽃이 핀다_ 173
시월의 어느 멋진 날에_ 176
당신은 글을 쓰는 대신 무엇을 하는가?_ 180
인생, 나의 마지막 맺음말_ 185

4부 땅에 쓰는 시

오월, 스페인 가로수 보랏빛 '자카란다'_ 191

진흙에 물들지 않는 연꽃처럼_ 205

땅에 쓰는 시_ 209

인생은 아름다워_ 212

행복한 작가의 사랑_ 218

'마우리치오 카텔란'의 고독한 퍼포먼스_ 221

어느 가수의 파리 이야기_ 228

나의 '올드 워크'_ 232

뭉크 작품의 '절규'_ 237

'고흐'의 자화상_ 242

친구 '로사 이정선'의 遺作 : 동화 | 부추 된장죽_ 249

에필로그_ 259

1부

여섯 살의 자화상

여섯 살의 자화상

 여섯 살, 사진 속 소녀가 나를 물끄러미 바라보고 있다.
 육십 년이란 세월의 긴 강을 건너 지금, 한 앳된 소녀와 내가 마주하고 있다. 스마트폰이 나오면서 사진은 일상의 기록이 되었지만, 내가 태어난 1950년대에는 사진을 찍는다는 게 쉽지가 않았다. 그래서 유치원 졸업식에서 사각모를 쓴 흑백사진 한 장은, 내게 유일한 유년의 기억이자 더없이 소중한 선물이다.
 1963년 봄, 유치원 졸업식에서 사각모를 쓰고 찍은 사진이라 여섯 살 내 모습이 무척 마음을 끌어낸다. 내가 간직하고 있는 제일 첫 번째 사진 얼굴이기도 하다. 지금은 화려하게 차려진 백일상의 사진이나 돌 사진이 있지만, 내 어렸을 적 그런 일은 매우 희소하고 귀한 일이었다. 이 사진은 이미 세월이 흘러 강산이 변한 것보다 내 인생 기억 속 여섯 고개를 돌아 노년의 주름과 단단한 육십의 모습과 너무도 대비되기에, 사진 속 나의 얼굴이 더없이 소중한 내 유년의 자화상이어서 가끔 들여다보며 어린 시절을 반추하곤 한다.
 '자화상'은 자기가 자신의 얼굴을 그리는 것을 말한다. 화가 중에서 '자화상'을 제일 많이 그리는 화가는 '고흐'이다. 작품 중 '귀 잘린 자화상'은 한쪽 잘린 귀에 붕대를 감싸서 맨 '고흐 자화상'이 유명하다. 귀를 자른 사연은 유일한 친구 '고갱'과 함께 동거하며 그림을 함께 그리던 고갱이 성격이 맞지 않아 고흐를 비난하며 떠나고 나서 혼자 외로움 속에 불안정한 정신의 분열에서 오는 고통의 행동이었다. 고흐는 정신병원에 입원하게 되며 오베르 들판에서 황금 노란 들판이 일렁이는 '까마귀 나는 밀밭' 작품을 마지막으로 남긴 채 자살로 생을 마감한다. 고흐는 왜 자화상을 많이 그렸을까? 생전에 40여 점의 자화상을 그렸는데, 그 이유가 가난하고 사람들과 떨어져 외톨이로 지내며 모델을 구하지 못해서 거울을 들여다보고 자기 얼굴을 그리며 연습했다고 하니 가난한 화가의 마음 아픈 사연이다.

자기 모습을 그리는 자화상은 겉모습 표현만이 아닌 마음속 영혼까지 표현되어야 생동감과 생명력이 살아난다. 그래서 다른 사람의 얼굴을 그릴 때에도 조금씩 자신도 모르게 자기 얼굴과 닮은 이미지가 나타나는 것은 어쩔 수 없는 일일 것이다. 자화상은 그리기 어렵고 얼굴이란 것이 마음속 영혼까지 많은 것을 내포하고 있기 때문이다.

나의 자화상은 그림이 아닌 '포토그라피'이다. 사각모를 쓴 사진 속의 나는 어리지만 영특하고 그윽한 감성이 보이는 눈빛과 얼굴에 성숙함이 묻어 있다. 그 나이에 '성숙'이란 단어의 의미로 어떤 특이성에 단계를 거쳐 기대되는 정도의 모습이 있을 리는 없다. 사진 속에는 은근하고 은은한 미소가 살아 있어 마치 살짝 부끄러워하는 표정이 더 성숙해 보인다. 난, 살아오면서 타인으로부터

'귀엽다'는 말을 듣기보다는 '어른스럽다' '진중해 보인다' '맏며 느릿감이다' 이런 말들로 내 표정에서든 아니면 행동에서든 조숙해 보였던 것 같다.

　사람에게는 얼굴이 첫인상이다. 누구나 사귀면서 알기 전에는 상대방 얼굴을 보고 그 사람의 성격을 알아차린다. 때로는 아주 다르게 반전이 되는 사람도 있긴 하지만 대체로 일치한다. 내 인상에 대해 보통 "성격이 좋아 보인다."고 말하지만, 가끔 내 눈에서 단호함을 느낀 사람들이 "쉽지 않을 것 같다"는 말도 하는 편이다. 아무튼 내 얼굴의 인상은 사람들에게 친근감을 주는 편인 것 같다. 그 이유는 처음 보게 되는 얼굴 피부색이 하얀색으로 밝아 보여서인지 모른다. 얼굴형은 보통 미인형을 말할 때 계란형에 비유를 하지만 나는 둥그런 편에 편안하고 복스러운 얼굴이다. 그다음은 '이목구비'인데 얼굴의 이목구비는 작은 게 하나도 없다. 이 모습은 성격이 "시원해 보인다."로 결정하게 만든다. 눈은 왼쪽 눈에 쌍꺼풀이 크고 오른쪽은 쌍꺼풀이 없는 실금만 살짝 있는 눈이다. 눈동자의 색은 검은 편이다. 여섯 살 얼굴에도 눈썹은 검은색에 숱이 적당하며 윤곽 쪽으로 둥글게 넓게 퍼져 있다. 그래서 타인으로부터 "마음이 넓어 보인다." 또는 "이해심이 많아 보인다."는 말을 듣게 되는지 모른다.

　이마가 그리 넓지는 않아서 모나지 않은 둥근 얼굴이 다른 사람에게 편한 인상을 주는 것이다. 내 얼굴에서 가장 큰 비중은 '코'로 매우 크다. 그렇다고 콧대가 높은 게 아니라 콧마루 즉 코 평수가 넓다. 어릴 적 몇 번 코가 커 콤플렉스가 있어 성형수술로 콧대를 살리고 싶어 했던 적은 있었지만, 수술하지 않았다. 코의 상징은 재물이라고 한다. 이제껏 살면서 재물이 많다는 내 복코는 언제쯤

재물 운을 가져다줄는지 내심 기대를 포기하지는 않았다. 혹 '로또 복권 당첨!' 부질없는 생각을 해본다. 그럭저럭 부족함은 없이 살아왔다면 인생이 뒤집히는 사건이 없었던 것으로 만족해야 할 복인지도 모른다. 내 입은 큰 편은 아니다. 어릴 적부터 큰 잎은 수다스럽고 가벼워 보이는 것 같아 싫어했다. 혹여 다른 사람에게 수다스러워 보일까 봐 입을 항상 꼭 다물었으며 입단속을 잘했다.

1963. 유치원 졸업사진

여섯 살 - 이 사진의 내 얼굴에서 어린 영혼도 보이는 듯하다. 머리를 양 갈래로 길게 엄마가 한 올 한 올 빠질세라 동백기름 발라 참빗으로 곱게 빗어 땋아 주신 머리가 어깨에 가지런히 내려와 있다. 머리엔 사각모가 씌워져 고풍스럽게 보이며 검은색 졸업 가운을 입고 있다. 큰 눈을 똑바로 응시하고 있고 눈동자는 흔들리지 않고 평온하게 입을 꼭 다물었지만, 표정에는 미소가 보인다. 나는 미소가 있어 여섯 살 어린 모습이지만 성숙해 보인다고 했다. 내가 말하는 '성숙'이란 단어 속에는 어린 얼굴에서 '자부심' 같은 자아가 설핏 보여서 인지도 모른다. 이 여섯 살 사진을 보면 여섯 살 수줍은 미소가 보여 육십 년 지난 세월에도 사진 속 미소를 따라 해본다.

세월이 지나 여섯 살 내 미소는 얼굴의 주름마저 펴주는 것 같아 좋다. 그래서 사진을 보며 긴 인생 여정의 한 페이지를 여섯 살 네게로 찾아가 미소를 전한다. "넌 귀여워. 그리고 소중해."라고 듣고 싶었던 "귀엽다"라는 말을 여섯 살 미소를 띠고 있는 소중한 이 사진 속 자화상에 은근슬쩍 귀띔해 준다.

고향 집 따뜻한 봄날, 엄마의 기억

'흰 국화꽃'에 고운 한복을 입으신 엄마의 마지막 모습이었다. 2016년 은행나무 가로수 길 풍경이 짙은 가을에 떠나셨다. 고향 집 따뜻한 봄날 같은 엄마가 그리워진다. 사진 속 얼굴은 젊은데 떠나실 때 너무도 여윈 모습으로 누워계셔서 슬펐다.

'치매'를 3년 동안 앓으시며 누워계신 엄마를 막내 남동생이 모셨다. 육 남매가 모이면 남동생이 요즘 "우리 엄마가 자꾸 거짓말을 해. '뻥'을 아주 잘 쳐?"라고 말했다. 언제부턴가 "엄마는 오지도 않은 친구가 왔다 갔다." 하시고 밥을 드시고도, 며느리한테 "밥을 안 준다."라고 엉뚱한 말씀을 하셨다. 며느리와 우리를 당황스럽게 하셨다.

처음엔 엄마가 거짓말하는 이유를 늙으셔서 기억이 흐린 것으로 생각했다. 일 년 지나서 엄마는 거짓말이 아니라 기억 못 하는 '치매'에서 오는 "엄마의 어린 시절 기억"인 것을 늦게 알았다. 엄마의 치매 증세에 대해 모르고, 동생은 나이 드신 기억력 탓으로 생각했다. 상황에 맞지 않는 말씀을 자식들은 누구도 '치매'라는 생각을 하지 못했다.

이제 엄마가 딸을 기억하는 시간보다 딸이 엄마를 기억해야 하는 시간이 왔다. 오래 기억하시도록 몇 번이고 귀찮게 엄마에게 묻기도 했다.

엄마 내가 누구지? "둘째 딸" 아~ 자꾸 엄마의 기억을 알고 싶어서 확인하게 된다.

현이 알아? "네 아들이지."

"손녀딸 이름은? 예~" 여기서 막힌다. 내가 예지~ 하고 말하면 "그래" 겨우 기억을 붙드신다.

그 '치매'의 속도는 지나온 과거 기억만을 붙들었고, 현재 기억에 머물러 있지 않았다. 엄마의 '뻥'은 옛날 기억이었다. 증세가 심해지면서 자식들과 손자 손녀의 이름을 기억하지 못하고 잘 알아보시지 못했다. 어느 날에는 맏아들을 남편으로 대하는 기막힌 사실도 부질없이 빨리 찾아왔다. 아버지가 십 년 전에 돌아가셔서 엄마는 혼자 고향 집에서 살고 계셨다. 의지하던 남편을 잃고 꿋꿋하게 견디셨는데, 치매로 남편의 기억을 허공에 띄운 연처럼 매달려 날아가고 있었다. 어느 날 엄마를 만나러 왔다고 말씀하신 것은 "어렸을 적 기억"이다. 그 사람은 오지도 않았는데, 엄마의 기억 속에는 생생하게 "엄마의 젊었던 청춘의 어느 하루에 머물러 계셨다." 엄마의 과거 기억 속 먼 소설 같은 이야기이다.

어렸을 때 배우신 일본어를 잊지 않고 줄줄 말씀하시는 걸 보면 기억력이 매우 좋으셨다. 그리고 어느 날 생각이 돌아오면 먼저 가신 아버지를 가끔 찾기도 하셨다. 기억의 간격이 더 좁혀져 갈 때야, 엄마의 '치매' 증세를 자식들은 인정했다.

엄마는 나를 만나면 며느리가 엄마의 욕을 한다고 이른다.

"어떻게 알아?" 여쭤보면 "입 모양을 보면 모르니? 내가 바보니?"

천연덕스럽게 말씀하셔서 모두 어이없어 웃었다. 너무 사실을 말씀하시는 듯해 기가 막혀 웃었다. 지금도 엄마의 그 표정과 목소리가 들리는 듯 웃음이 나서 마음이 저려온다.

더 그리워져 앨범을 뒤지다 유년 시절 살았던, 옛 고향 집에서 찍은 웃는 엄마의 사진을 한 장을 찾아 엄마의 젊었던 모습을 한참 동안 물끄러미 보았다.

60년대 모두가 넉넉하지 못해 어려웠던 시절 사진을 찍는다는 것은 쉽지 않았을 것이다. 낡은 빛바랜 흑백사진 속에는 옛 고향 집 한 귀퉁이 모습만 보이는 뒷마당에서 찍은 웃는 엄마의 젊은 시절 모습의 사진이다. 주름스커트를 입으시고 낮은 구두를 신은 마른 모습으로 홀로 찍은 사진이었다. 사진 속 엄마의 나이를 짐작해보면 아마 40대 초반으로 보인다. 한동안 그 사진을 가슴이 저려 소중하게 간직하며 오랫동안 멍멍하게 몇 번이고 쳐다만 보았다.

웃고 계시는 모습이 지금의 나보다 훨씬 젊은 엄마의 모습이 낯설기도 해 오랫동안 들여다보며 가슴이 따뜻해지고 내 마음속에서 더 그리워졌다.

이 사진은 유년 시절 초등학교 중학교 고등학교를 거쳐 대학생 청년 시절까지 30년을 넘게 살아온 충주 고향 집이다. 일본식으로 지어진 2층 목조와 함께 지붕이 기와로 되어 있었다. 60년대 어려웠던 시절 고향의 이 층집은 동네에서 다섯 손가락에 드는 꽤 나 넓고 큰 집이었다.

1967. 고향집 엄마 모습

네 개의 방과 유리문으로 된 현관의 넓은 공간과 2층은 바닥이 나무로 된 방이 있었다.

　이 고향 집에서 여섯 남매를 낳으시고 길러주신 추억이 많은 행복한 집이었다. 40년이 넘도록 오래된 낡은 집에서 이사를 권유해도 아버지와 함께 살았던 미련을 두시고 떠나시지 못하고 사셨다. 어찌 여섯 남매를 다복하게 키워서 아버지의 손길과 숨결이 느껴지는 집을 떠나실 수 있었을까? 하는 마음도 들었다.

　엄마가 세상을 뜨신 후에 고향 집에 대한 추억과 행복한 기억이 없어지는 듯해 마음 한구석 쓸쓸함과 아쉬움이 남았다. 함께 살던 동생은 엄마를 보내드리고 고향집에서 이사를 했다. 그 어릴 적 향수로 가득한 집은 엄마가 떠나시고 기억에서 멀어졌다.

　고향 집에는 앞마당 포도나무에서 어릴 적 아버지는 포도를 달게 맛을 내시려고 설탕물을 부어 몇 송이 열린 포도를 따서 먹여 주셨다. 뒷마당에는 시멘트로 단을 쌓아 올려 반듯한 장독대가 있었고, 앞마당에 우물이 있어 두레박으로 물을 퍼서 올렸었다. 뒷집 사시던 할머니는 우리가 대문을 열면 언제나 조심스럽게 오셔서 물을 길어 가시던 기억도 있다. 그 시절 동네에서 집안에 우물이 있던 집이 많지 않았다. 뒷마당 중앙에 커다란 은행나무가 울타리 담 너머 높이 자라도 은행이 열리지 않아 아버지께 여쭤보았다. 은행나무는 "마주 보고 있는 나무가 있어야 열매를 맺는다."라고 하셔서 놀라운 비밀을 듣고 어린 시절에 많이 놀랐다.

　한 귀퉁이에는 슬래브 지붕으로 된 '광'이 있었다. 요즘 아파트 '팬트리 공간'에 해당한다. 그 '광' 안에는 아버지의 필요한 연장 도구들 소금가마니, 쌀 항아리, 벽에는 새끼줄에 엮어진 마늘이 걸려 있었다. 광에는 살림에 필요한 풍부한 부식 거리가 요술램프의 마법처럼 곳곳에 보물들이 많이 숨겨져 있었다. 그래서 문에는 항상 자물쇠가 채워져 있었다. 다른 사람들의 손을 타지 않도록 잘 관리해야 하는 소중한 보물 공간이었던 것 같다.
 아!! 고향 집에 관해서는 이렇게 술술 이야기가 잘 써지는 것일까?

 자신의 어릴 적 겪은 가장 강렬한 한때를 떠올려 즐기면서 반추하기보다 그 기억으로부터 끝끝내 벗어나지 못하는 존재가 되는 듯싶다. 유년 시절 행복했던 고향 집에 대한 향수가 가슴속에 나무처럼 굳게 자리 잡고 버티고 서있다. 못다 한 이야기로 선물을 꾸려주는 듯 어렸을 적 추억으로 행복해진다. 희로애락 거치고 바람처럼 실려서 행복했던 유년 시절로 돌아가 내 마음과 추억들이 햇빛으로 마구 쏟아지고 있다.

 나는 어떤 딸이었을까? 엄마의 삶은 행복했을까? 치매로 잊어가는 엄마의 기억을 위해 녹음을 했고, 사진을 찍어 저장하기 시작했다. 진달래 꽃피면 모시고 가서 사진을 찍었다. 그 후 삼 년이 지나 엄마는 떠나셨다. 엄마의 장례식에서 수의를 입혀드리고 마디마디 끈을 매신 모습으로 마지막 추도예배를 드릴 때 한없이 소리를 내 울었다. 너무도 깨끗하신 편안한 모습에서 엄마의 몸이 왜 그렇게 왜소해졌는지 슬퍼서 눈물이 흘렀다.

 엄마는 음식 솜씨가 매우 좋으셨다. 담그신 깍두기 김치 하나면 입맛이 없어도 밥 한 그릇 다 먹었다. 특별한 날 '소풍' 가거나 '운동회' '생일'에는 약밥과 식혜도 해주셨고, 엄마의 솜씨가 좋은 덕분에 어렸을 적 모두 넉넉한 시절이 아닐 때도 항상 먹을 것이 떨어지지 않고 풍족했었다.

　엄마는 '작가'이셨다. 타지 멀리서 대학 다닐 때 편지를 써서 보내주시곤 했는데, 그 글 내용이 훌륭한 작가 같았다. 엄마가 해주시는 옛날이야기는 만담 소설처럼 흥미로웠다. 다른 사람에게 기분 좋게 말씀하시는 재주도 있으신 것 같았다. 항상 엄마 곁에는 사람들이 많았다. 유난히 딸 중에서 엄마 모습을 많이 닮았다.

　엄마는 '멋쟁이'이셨다. 동네 양장점에서 옷을 맞추어 외출하실 때는 아주 멋지게 입으셔서 좋아했고 그 모습이 자랑스러웠다. 사회활동에 참여하셔서 새마을 지도자로 표창도 받으셨고, 어린이집 원장도 몇 년을 하셨다. 그건 엄마의 명예욕이 남달라서가 아니라 봉사로 하셨다.

　엄마는 최고 '코치'였으며 다른 사람들에게 대우받도록 인생을 해쳐서 나가는 '내비게이션'이 되어주셨다. 그러나 이제 치매로 고향 집에서 홀로 작게 웅크려 꺾여진 모습으로 허리와 여윈 다리를 보면 측은해져 눈물이 흘렀다. "자식 다 소용없어 키우는 재미이지"라는 부질없는 생각에 인생 허무함을 느꼈다. 자식들은 부모에게 어떤 존재인가? 겨우 사는 게 힘들 때야 부모님 생각을 한다.

　고향 남한강이 내려다보이는 하늘정원 '천상원'에 아버지와 함께 모셨다. 그러나 몇년 후 아버지가 6.25 참전 용사로 '괴산 호국원'으로 가시게 되어 다시 옮겨서 호국원에 함께 계신다. 이제 마지막 자리이고 엄마에 대한 기억의 마지막 페이지이다.

　이제 '꿈'에도 잘 찾아오시지 않는다. "엄마의 딸로 태어나게 해주어 감사해요." 나는 엄마에게 어떤 딸이었을까? 아들을 낳았을 때 한 달간 산후조리도 해주셨다. 교사로 첫 발령을 받았을 때 무척 자랑스러워하시며 좋아하셨다. 누구에게나 다정하게 웃는 따뜻한 모습으로 매력이 있으셨다. 가끔 아버지와의 논쟁에는 훨씬 큰 목소리를 내셔서 아버지를 당황하게 하셨다. 이런 날이면 아버지는 나를 불러서 엄마의 큰소리 흉을 부녀지간에 보았다. 아버지와 엄마의 흉을 몰래 본 것을 모르신다. 아버지 편이었다는 것도 모르실 것이다.

엄마의 흉을 보던 아버지는 엄마가 손 시리지 않도록 연탄을 피울 때 집게에 헝겊을 싸서 놓으셨다. 엄마는 '갑'이었고 늘 양보하는 아버지는 '을'의 모습이었다. 그런데 삶은 정해진 각본도 희극이 아닌 것 같다. 건강을 자랑하시던 아버지는 급성 폐렴을 이기시지 못하고 늘 약하신 엄마보다 먼저 떠나셨다. 인생에서 '명(命)'이라는 것은 하늘이 주시는 것이지 사람이 갖고 가는 것은 아닌 듯싶다. 엄마는 아버지를 보내고 홀로 외롭게 10여 년을 더 사시다 86세에 떠나셨다.

엄마에 대한 기억은 닮고 따라가야 하는 따뜻한 봄날 햇살 같았다. 고향 집 엄마의 젊은 모습 사진에서 미소가 생각난다.

엄마가 "보고 또 보고 싶다. 더 그리워진다." 하늘에 계신 엄마를 찾아가 불러본다. 엄마가 쓰다듬던 손길이 느껴진다. 눈을 감고 멀리 바람결 그리운 엄마의 목소리를 듣는다.

나에게 쓰는 글

 어느 봄날, 지혜학교 수업에서 과제를 받았다. 그것은 "자신에게 꽃을 선물하라"는 과제였다. 다소 생뚱맞았다. '꽃'은 선물로 받는 것이지 나에게 주는 선물로 생각하지 못했다. 오랜만에 꽃가게에 들려 '흰 수국 꽃' 두 송이를 샀다. 유리병에 꽂아서 식탁 위에 올려놓고 선물이라 생각하며 바라보았다. '흰 수국꽃'은 작은 꽃송이가 마치 실타래처럼 붙어서 핀 꽃으로 고개 숙인 모습이 수줍음 많은 소녀 같아 보였다. 꽃말을 찾아보니 '변심·변덕'이었다.
 꽃잎이 희고 작아 수수해 보이는데 꽃말이 '변심'이라 한들 "수국꽃을 마음에 꽂고 그 향기 변덕 쯤이야."라는 생각이었다. 나에게 꽃을 선물하는 만큼 나에게 글을 쓴다는 것이 참 어렵고 부끄러운 마음이 든다. 수국꽃 모습과 다른 꽃말처럼 내 겉모습에 보여주지 않는 속 모습은 의식 하지 못한 반전들이 많이 존재할 수 있다고 느껴졌기 때문이었다.
 태어나서 몇 번 '나는 누구인가? 잘 살고 있니? 지금 행복하니? 꿈은 이루었니?' 이런 질문을 던져본 적 있다. 어찌 보면 인생의 길은 자신의 선택 때문에 인생에 장벽이 되기도 하고 때로는 행운이 되기도 한다. 자신 앞의 벽들을 뚫어가며 살아온 시간과 세월이 켜켜이 쌓여 성장한 것이 자신이기 때문이다. 인생 2막 예순에 이르러 뒤돌아보니 삶의 첫 유년 시절은 부모님과 육 남매 가족으로 함께 한 추억이 밝고 따사로운 햇살 같다. 조금은 넉넉하고 평온하게 그리고 행복하게 살아온 내 모습이 그려진다. 부모님의 사랑과 희생에서 주어진 것이기에 감사한 마음이다.

 유년의 나에게 "괜찮아, 잘 견디고 살았어!"라고 어깨를 토닥이며 나에게 보내는 마음의 글이다. 처음 부모님 품을 떠나 외지에서 학창 시절은 홀로 서느라 힘들었지만 독립적으로 살 수 있는 자양분이 되었다. 경쟁에서 이기려고 자신을 몰아가며 부모님에게 칭찬받는 좋은 성적표를 만들었었다. 욕심이 많아 실패 없는 꿈을 찾아 목표를 성취한 학창 시절의 나에게 "고맙다. 잘했어. 최고로 노력했고, 대단해!"라는 말을 해주고 싶었다.
 "그 시절로 돌아가 더 하고 싶었던 것이 있니?"라는 물음에, 난 "별로 없어."라고 답을 준다. 내 노력으로 움직여 이룬 나에 대한 고마움이다. 대학 시절 청춘의 자유와 낭만을 즐겼고 열정을 불태웠고 최고가 되는 길에서 흔들림 없이 살았던 내 젊은 날의 초상이 자랑스럽게 우뚝 서 있다.

 스무 살- 비록 그 사랑은 이루어지지 않았지만, 가슴 깊은 곳에 방을 만들어 힘들 때면 언제든 찾아가곤 한다. 사랑이 지나고 없는 길에서 나에게 말했다. "잘 일어서서 살라는 격려와 무엇이든 부족하지 않게 채워주려는 사랑의 리본을 매어 주었다."라고. 아!

그러나, 가끔은 생각나면 소양강을 바라보며 노을이 넘어갈 때까지 어스름 강물에 흘러간 사랑의 기억을 집어넣고 돌아오는 시간도 있었다.

"고마워…", 또 '그 시간 아픔이 네 인생을 크게 키웠어'라고 위로를 해준다. "그 시절로 다시 돌아가고 싶니?" 물음에는 "아니야!"라고 대답을 한다.

인생에서 서른 살이 되면 삶이 조금 수월해질 것으로 생각했다. 결혼과 아들·딸 낳아 기르며 내 몸 감당하기에도 벅찬 무게로 산 세월이다. 채워야 할 것들이 많아 치열하게 억압으로 소진하며 보내야 했던 시간조차 내 것이 아니었다. 부모라는 책임감 때문에, 발로 뛰는 것을 넘어 높이뛰기와 멀리뛰기로 숨차게 살았다. 자식들한테 큰 힘을 주기 위해 고삐가 잡힌 일소 같은 느낌의 엄마 모습이었다. "자식은 품 안에 있을 때 자식이고 키우는 재미야. 큰 것 바라지마. 여기까지야. 수고했어."라고 나에게 지지를 보낸다.

마흔 살이 되면 삶이 고요해지는 줄 알았다. 불혹은 제자리에 숨결조차도 거칠지 않게 스스로 조절하는 나이라고 한다. 외부의 유혹도 감당할 수 있으리라는 믿음이었다. 그러나 40년 교사로 직장에 얽매여 정신없이 흘러간 그 시절, 보람도 있었고 성과도 있었다. 좋은 교사가 되기 위해 열정으로 "열심히 잘 살았어, 성공한 인생이야!"라고 박수를 보내주고 싶다.

쉰 살이 되면 삶이 담백해지는 것인 줄 알았다. 자식들 대학 보내고 이제 좀 편해지려나 하던 쉰 살 되던 해 갑자기 찾아온 불청

객이 있었다. 내게 '암'이라는 손님이 소리 없이 갑작스레 찾아온 것이었다. '아! 웬일이야?' 심장을 놀라게 한 것은 순간이었고 '암' 어떻게 맞아줄까? 라는 현실적인 생각에 겁이 나고 더럭 눈물이 흘렀다. 입원과 수술 여섯 번의 항암 주사와 후유증에 머리카락이 다 빠졌을 때, 나도 흘리지 않는 눈물을 아들은 내가 차려준 밥을 먹으려던 식탁에 앉아 흘리는 것을 보았다. 어두운 긴 터널을 지나 암을 이기고 18년이 지났으니, 이제는 완치일 것이라고 믿는다.

"너, 암도 이겨냈어. 대단해! 행운이 찾아온 거야. 걱정하지 마." 라고 나에게 위안을 전해 준다. 내 삶에 평온해지고 성숙한 버팀목이 믿음이었다는 것을, 은혜로 감사함을 암을 이기고 나서야 비로소 깨닫게 되었다.

  삶의 자세도 바뀌고 그렇게 예순이 되었다. 예순이 되니 세상은 질긴 인연들로 채워지는 것까지도 번잡스러워 털어내고 싶은 나이라는 생각을 했다. 돌아보면, 육 남매의 둘째 딸로, 종갓집 맏며느리로 40여 년 쉬지 않고 달려왔다. 그리고 교사로서 40년 또 아내와 엄마로 행복하게 잘 살았다. 또 하나 시어머니라는 이름이 늘었고 쌍둥이 할머니가 되었다.

  인생에서 얻어진 그 많은 이름이 과연 나를 행복하게 했을까… 작가 〈프랑스와 를로르〉는 말한다. "행복의 첫 번째 비밀은 자신을 다른 사람과 비교하지 않는 것"이라고. 때때로 삶의 주위에는 뜻밖의 것들로 채워진다. 그래서 나는 내게 말한다. "다시 찾아보는 거야! 다시 만나게 될 꺼야!" 남은 인생에도 '다시' 라는 말로 나에게 마지막 위안을 주려고 한다. 매번 세상의 속도는 삶의 속도를 추월하여 더 빠르게 나를 끌고 갔다. 인생 연륜에 붙여진 예순에는 일상에서 잠시 벗어나 쉴 수 있도록 편안한 의자를 하나 준비해 줄게. 힘들었던 순간, 편안하게 눈 감고 쉬어 보도록 하려무나 라고 자신에게 위로를 전한다.

"잘 살아왔다고 대답해 줘. 어쩜 산다는 건 '바로 선다'라는 게 아닐까. 그게 인생인 거야!"라고 내게 다짐한다.

가족사진

1990. 가족사진

꽤 오래된 가족사진이다. 아이들 어려서 찍은 가족사진 중 가장 좋아한다. 이 사진은 결혼 6주년 남편 박사학위와 나의 석사학위를 받은 기념으로 찍은 의미 있는 가족사진이다. 사진 속에 아들과 딸의 멋지게 차려입은 모습과 표정이 귀엽고 사랑스럽다. 아들은 여섯 살, 딸은 네 살 이었을 것이다. 아이들이 커서 찍은 가족사진도 여러 장 있지만, 따뜻한 행복의 단어가 느껴지는 사진이라 30년이 지나도 거실 탁자 위에 놓고 보는 사진이다.

그 옆에 또 한 장은 아이들과 십여 년 전 휴대전화로 찍은 스냅사진이다. 가족들의 웃는 표정이 좋아 벽 액자에 걸려 있다. 가족이란 이름으로 40년을 함께했다. 아들은 결혼해 쌍둥이를 낳고 가장이 되었다. 손주 손녀가 태어나 모두 일곱 가족이 되었다. 딸도 아직은 싱글로 S대기업 직장에 다니고 있어 독립했다.

품 안에 자식이란 생각이 든다. 크면 자식들은 울타리가 되어줄 뿐 명절이나 집안 행사 생일 등 특별한 날을 제외하면 멀리 있어서 얼굴 보기 어렵다.

자식들이 독립해 노년엔 빈 둥지로 남편과 둘이 서로 허전하고 쓸쓸하다. 그래서 주위 아이들 키우느라 눈코 뜰 시간 없어 지치는 엄마들에게 그 시절이 인생에서 아이들과 함께하는 추억으로 행복한 시간이라고 귀띔해 준다. 그러나 젊어서는 정신없이 바쁘게 사느라 실감을 못 한다. 자식들이 빨리 컸으면 한다. 힘들었을 때 했던 생각이다. 자식이란 내가 떠나는 날까지 걱정해 주는 질긴 고리가 있다. "무자식 상팔자"라는 말도 답은 아니다. 내가 배 아파 낳고 기른 그 자식은 무엇에도 비교되지 않는 사랑과 감동이 존재하기 때문이다. 나보다 자식이 더 소중하여 부모들은 희생하는 것 같다. 가족은 이 세상 최고의 선물 같은 존재라는 생각을 했다.

첫아들을 낳았을 때 나는 기적이라고 믿었다. 아들을 낳은 내가 신기해 믿어지지 않았다. 그 아들은 우량아로 낳은 프리미엄으로 커서도 덩치가 좋고 허우대가 크다. 호기심 많은 아들 키우며 만나는 놀라운 세상에 엄마라는 이름은 희생과 봉사라는 말로 풀어내면 딱딱해진다. 자식 농사는 "말로 짓는 게 아니라 부모가 살아온 흔적으로 짓는 것"이라 잘 키우려고 했다. 아들은 자기 꿈을 이루며 벤처 CEO로 바쁘게 정신없이 뛰고 달려가고 있는 뒷모습만 보아도 걱정되고 안타깝다. 언제까지 부모는 자식의 걱정에서 물러나는 것인지 모르겠다. 자식에게 서운하고 섭섭해지면 뒤돌아서 내 부모님에게 내가 한 섭섭함을 깨달아 참고 인내하며 간다.

부모 자식은 전생에서 빚쟁이로 만난다고 한다. 또 부모와 자식은

"600 생의 인연"이라고 한다. 그래서인지 부모가 자식들에게 쓰는 돈은 아까워하지 않는다. 또 자식은 부모의 도움을 당연한 것으로 알면서 자란다. 아들을 낳고 2년이 지나 심한 입덧을 참고 견디며 마지막이라는 간절함으로 딸을 낳았다. 그 딸은 너무 예쁜 얼굴로 찾아와 줘서 내 인생 최고의 위대한 공로이다. 무엇을 더 바랄 게 없는 마음으로 아들과 딸을 키웠다.

딸도 자기 스스로 열정적인 꿈을 펼치며 S대기업에 다니고 있다. 세상과 소통하며 상처받지 않게 행복하게 살도록 딸을 위한 매일 기도를 한다. 딸은 친구 같은 존재이니 내 인생 딸이 있어 외롭지 않겠지? 라고 믿는다.

자식은 때가 되면 떠나지만, 곁에서 끝까지 남는 사람은 남자 친구인 남편일 것이다.

40년 넘도록 남편은 묵묵하게 곁에서 지켜주고 있다. 내가 실수해도 큰소리 없이 핀잔 없이 기다려 줘서 큰 싸움도 없다. 가끔은 내 마음대로 남편과 너무 편하게 살아와 이제야 조금 미안함을 깨닫는다. 신혼 초에는 남편과 성격이 너무 달라 불만도 많았는데, 나이 들어보니 자식보다는 남편이 등 기대며 살기 편한 존재인 것 같다. 자식은 나이 들어 성장하면 대하기 어려워진다. 상처 될까? 자식은 한마디 말이 조심스럽지만, 남편은 싫으면 싫다고 뱉어내도 함께 자고 나면 서운함도 사라진다. 부부란 함께 늙어가며 사랑 너머 강한 의리가 존재해서 단단해지는 친구 같다. 부부가 되어 가족이 생기면 인생 여정은 너무 넓어지고 꼼짝 못 하게 동아줄로 단단하게 묶인다. 인연을 넘어 숙명적으로 함께한다. 행복을 주어야지 하는 마음이지만 가끔은 서로에게 소홀한 관계로 서운할 때도 있다. 그것도 사랑이 없으면 주지도 못한다. 이제 자식들도 독립하고 퇴임해서 바쁜 일상에서 벗어나 쉬려고 했다. 편하게 안도의 마음이 놓일 때 삶은 질투인지 남편의 건강에 이상이 왔다. 남편은 칠십이 되어 신장에 혹이 생겨 건강이 안 좋아 수술하고 입원하다 퇴원해 투병 중이다. 이 나이 편하게 쉴 수 있을 때 왜 이런 시련을 주시는 하나님 마음을 이해하기 어렵다. 나이 들어 늙으면 서로 부담 주지 말고 살아야겠다고 다짐한다. 왜 부담 주는 거야!! 요즘 하루는 꼼짝없이 남편 곁에서 몸에 좋은 매끼 마다 영양사가 되고, 약 시간 챙겨서 주는 간호사가 되고, 약해질까 함께 운동 챙기는 운동처방사로 1인 3역을 하느라 고달픈 신세가 되었다. 직장생활 바쁘다는 핑계로 다 못한 뒷바라지를 40년 지나 혹독하게 대가를 치른다. 내게 주어진 십자가라 생각한다. 집마다 안을 들여다보면 한 가지 고민거리는 있고, 그게 자식이든 부모이든 형제이든 남편이든 모두 완벽할 수는 없는 게 인생이라고 생각한다.

토요일 '불후의 명곡' 애청자다. 노래 듣는 프로를 즐겨본다. '불후의 명곡' 가족 특집 프로에서 '가족사진'노래를 들었다. 가사의 의미도 좋고 부르는 가수의 가창력과 매력적인 보이스가 더 감동되었다. 자작곡 사연에 김진호 가수는 "아버지가 일찍 돌아가셔서 가족들과 함께 찍은 사진이 없다."하며 "그래서 어머님이 저와 찍은 사진에 아버지의 명함 사진을 붙여 합성해 놓았을 정도다. 사실 내가 기뻤을 때는 사진을 꺼내보지 않았다. 오늘이 저희 부모님의 결혼기념일이어서 굉장히 의미 있는 노래가 될 것"이라고 그 가수는 말했다. 아버지를 생각하며 쓴 사연에도 마음 찡해지기도

했고 눈물이 났다.
 김진호 '가족사진' 노래 가사를 옮겨보면

> 바쁘게 살아온 당신의 젊음에 / 의미를 더해줄 아이가 생기고
> 그 날에 찍었던 가족사진 속에 / 설레는 웃음은 빛바래 가지만
> 어른이 되어서 현실에 던져진 / 나는 철이 없는 아들이 되어서
> 이곳저곳에서 깨지고 또 일어서다. / 외로운 어느 날 꺼내본 사진 속
> 아빠를 닮아있네.
>
> 내 젊음 어느새 기울어 갈 때쯤 / 그제야 보이는 당신의 날들이
> 가족사진 속에 미소 띤 젊은 아가씨의 / 꽃피던 시절은 나에게 다시
> 돌아와서
> 나를 꽃 피우기 위해 거름이 되어버렸던 / 그을린 그 시간들을 내가
> 깨끗이 모아서
> 당신의 웃음꽃 피우길 / 피우길 피우길 피우길 피우길

 이 감동적인 노래를 듣게 되어 좋았다. 노래의 가사에 가족의 의미가 모두 있어 좋았다. 며느리를 둔 친구들끼리 자주 하는 말이 있다. 요즘 세상에 너무 이혼율이 높아서 "끝까지 살아주는 며느리가 최고다."라고 한다.
 가족으로 서로 만나 항아리 속에 익어가는 김치로 비유하면 잘 숙성되고 발효되어 맛을 내야지 좋은 맛이 난다. 한 가지라도 부족하거나 넘치면 김치 맛은 재료가 무르거나 묵은 냄새를 내어 김치 맛이 덜해져 맛없는 것과 같은 생각을 했다.

자식들에겐 든든한 부모가 되어주고 부모는 자식들과 편안하게 살고 싶다. 고생도 별로 없이 아들과 딸은 내가 키운 것보다 스스로 너무 잘 커 주어 난 그저 고맙다는 말을 한다. 자기들의 꿈을 찾아 성취하는 모습을 보면 너무도 대견하고 놀랍다. 내 인생에서 이 보람보다 더 큰 기쁨은 없다. 너희들로 인해 우리 가족 "내 삶은 행복했다."라고 전해주고 싶다.

여보? 건강 회복하고 일어서요. "내가 힘이 되어줄게요." 누구의 도움이 없이 이제까지 잘 살았는데 건강이 제일 걱정거리입니다.

마지막 남겨 놓은 손주들과 함께 찍을 가족사진이 있다. 아직 어려 사진찍기에 적응하지 못해 미뤄두고 있다. 완결된 가족사진이 될 것이다. 가족으로 살아가는 수많은 이야기를 덮어두고 행복이라는 믿음만 건져주고 싶다. 가족사진으로 남겨 그 시절을 기억하고 싶다. 마지막 찍게 될 가족사진에 행복을 담아 넣을 것이다.

어머님! 고마워요.

1990. 시어머님 사진

　　고마운 시어머님 모습이다. 이제 곁에 계시지 않다. 자주색 두루마기와 한복을 곱게 입으시고 머리를 곱게 쪽을 찐 모습을 사진 속에서 본다. 이제 칠순 가까이 살면서 마음에 담고 있는 제일 고마운 시어머님이다. 늦게 결혼하고 종갓집이란 무거운 마음도 느낄 여유도 없이 장손 맏며느리가 되었다. 남편과 직장 관계로 떨어져 3년을 주말부부로 보냈다. 결혼해서 1년이 지나 아들을 낳고 손주를 길러 주시기 위해서 어머님과 함께 살게 되었다. 시집살이가 아닌 어머님이 며느리 집에 더부살이하는 고생을 감내하셨다. 시아버님과 떨어져 어머님만 오셔 손주와 집안 살림을 돌보아 주셨다. 교사로 직장을 그만두지 못해 어머님이 시골에서 올라오셔서 손주를 키워주셨다.

신혼 작은집에서 다행히 공무원 아파트에 추첨이 되어 이사하게 되었다. 시아버님은 원래 집안일이나 어머님을 잘 도와주시기보다 외부 종친회 일로 바쁘셨다. 혼자 한량처럼 다니셔 늘 어머님이 농사일도 혼자 맡아 고생하셨다. 시어머님은 체구가 작으시고 몸이 많이 여위셨다. 예전 사진을 보면 참 고우신 모습이었다. 내가 느끼기에 어머님은 현철하시고 지혜로우신 분이셨다. 함께 모시고 살면서 어머님께 말없이 스스로 배우며 터득한 게 너무 많다. 나는 친정에서 기독교 집안이고 아버지가 막내로 제사가 없어 제수음식을 차리는 것을 보지 못했다. 종갓집 며느리로 제삿날이 되면 음식을 혼자서 만들지 못했다. 시어머님 하시는 것을 보고 곁에서 많이 배웠다. 지금은 혼자서 잘하는 달인이 되었다. 그리고 어머님의 살림, 음식솜씨까지 많이 보고 배웠다. 어머님은 큰소리를 내시거나 싫은 소리를 하시지 않으셨다. 또 눈치를 주거나 며느리에게 권유도 하시지 않았다. 옆에서 지켜보며 어머님의 품어주시는 사랑에 스스로 죄송스러운 마음에 존경하며 배웠다. 처음 시집와서 어머님이 술과 담배를 좋아하시는 모습에 놀랐다. 담배는 하루 한 갑으로 골초이셨고, 아침에 일어나시면 우선 막걸리 한잔 마시고 시작하신다. 아마 농사지으시며 힘드셨을 때 하시던 습관이신듯 했다. 그 모습이 별로 달갑지는 않았다. 베란다에 나가서 담배를 피우시고 술에 취하신 모습을 보이지 않아 어머님의 이런 취향을 애써 말리지 않았다.

보통의 여자들은 시집의 '시'자 들어가는 시금치도 싫다는데 난 시어머님께 감사한 마음으로 시집살이가 어렵지 않았다. 직장일로 외부 활동이 많아 집안일을 소홀히 하거나 잘하지 못 해도 눈치 한번 안 주시고 아량으로 품어 주시는 게 느껴졌다. 혹여 며느리가 돈을 벌어 와서? 그건 어머님 마음이 아니었을 것이다. 어머님은 맏며느리인 나에게 다 나누어 주시는 듯했다. 큰소리나 잔소리로 나를 꾸중하셨으면 성격이 강하고 자존심 높은 내가 반격했을 것이다. 그러나 어머님은 지혜롭게 반격하지 못하도록 나를 말없이 보듬어주셨다. 이게 살면서 가장 깊게 터득한 존중의 마음에서 우러나온 것이다. 살면서 나도 아랫사람에게 몸소 깨닫게 가르쳐야 한다고 많이 생각했다. 보여주신 사랑으로 급하고 강한 내 성격을 변화시키기는 기회로 깨닫기도 했다. 어머니가 나에게 주신 것은 재물보다 넉넉한 품을 주신 것임에 감사한 마음으로 살고 있다. 결혼해서 시집으로부터 유산을 전혀 받지 않았다. 유산은 생각할 수 없었고, 시누 결혼 비용을 드려야 했다. 내 힘으로 집도 사고 자식 교육도 잘했으며 이제껏 부족함 없이 살고 있다.

시어머님은 살아오시면서 고생만 하신 연민에 솔직하게 친정엄마보다 시어머님에게 더 많이 해 드리고 싶었다. 친정엄마는 내가 아니어도 해주는 사람이 있지만, 우리 어머님은 내가 아니면 해줄 사람이 없었기 때문이었다. 살다 보니 어머님께 특별히 잘해드린 것도 여행도 한번 보내드리지 못해 아쉽다. 어머니와 함께 산 것은 십 여 년 정도 된다. 전근되어 외지에서 가족과 떨어져 있을 때 어머님의 폐암이 발견되었다. 70세가 넘으셔 기력도 약해지셔 바로 입원 하시고 원주기독교 병원에서 수술을 했다. 나중에는 암이 전이되어서 숨을 쉬시는 게 힘드셨고, 고통이 심해 집으로 오셔서 수녀님의 호스피스 방문을 받으셨다. 그렇게 2년 넘게 폐암과 싸우시다 1993년 3월7일(음력) 75세로 세상을 뜨셨다. 늘 모시고 있을 때 잘 해 드리지 못한 죄송한 마음으로 떠나시는 길에 최선을 다하고 싶었다. 어머님 장례는 최고의 호상이었다.

  살면서 고생한 사람 떠나는 길이 날씨도 좋고 일도 모든 게 순조로웠다. 이 큰일이 내가 인생에서 처음 부모님을 떠나시는 길에 맏며느리 노릇을 한 장하고 대단한 행사였다. 그렇게 어머니를 마음을 다해 정성으로 보내드렸다.

  내가 세상에서 제일 고마우신 분인데, 이제 제사상을 정성껏 해 드린다고 잡수시는 것도 아닌데, 내 마음 편해지자고 십여 년을 상을 차려 드렸다. 뵙고 싶다. 꿈에도 나를 찾아오시지 않는다.
  어머님이 서운하신 걸까? 이제 어머니에게 따질 일이 있다.
  어머니 "저한테 잘해주신 게 아버님 맡기시려고 그러셨어요?"
  세상에 공짜는 없다고 했다. 어머니는 살아계실 때 다해주시고 떠나시면서 6년여 나에게 홀로 계시는 시아버님을 맡기고 가셨다. 이게 삶이고 인생인 듯싶다. 홀로 계신 시아버님을 모시는 게 쉽지 않다. 그동안 시어머님이 해주신 것 편하게 먹었으니 내가 아버님에게 대신 갚아 드려야 했다. 직장에 다니며 내 성격에 유난 떨며 잘해드리지도 편하게 잘 모시지도 않았다. 모신 게 아니라 그냥 부대끼며 살았다고 본다. 이렇게 힘든 시기에 곁에 남편조차 없어 혼자 감당해야해 외로웠다. 남편은 포스터 박사 코스로 미국 샌프란시스코 스탠퍼드 대학에 연구를 위해 나가 있었다. 이 어려움을 원망도 없이 혼자 가슴 덮고 감당하느라 너무 힘든 시절이었다. 어느 때는 점심시간 잠깐 외출해 아버님 옷 입혀드리고 씻겨드리기도 했다. 누구에게도 학교에서도 이런 생활을 티를 내지 않았다. 무척 고생스럽고 서러웠지만 대단한 자존심이 버티고 있었다.

퇴근해 돌아와 집안일하고 아버님 간호하고 정리하면 9시가 넘었다. 누워계시는 힘이 드신 병세로 모든 것을 직접 수발해 드려야 했다. 냄새가 있어 비위가 약해 밥도 잘 못 먹었고 혼자 화장실 변기에 앉으면 나도 모르게 눈물이 줄줄 흘렀다. 이 생활이 몇 년이 걸릴지 암담했다. 그런데 아 복도 있지? "괜히 겁먹었어?" 하나님은 내 고생을 아시고 길지 않은 기간에 끝낼 수 있도록 해주셨다.
어머님이 하늘에서 보시고 며느리 힘들지 않게 도와주신 것 같다.

시아버님은 1999년 9월 15일(음력) 80세에 떠나셨다. 시아버님이 힘들게 해서 속 많이 상했는데, 아버님 곁에서 임종을 남편과 함께 지켜보는데 숨을 가쁘고 심하게 몰아쉬시며 눈을 뜨셔서 나에게 "고맙다"라는 말씀을 하셨다.
난 한순간 아버님과의 서운했던 꼬여졌던 끈들이 줄줄이 실타래처럼 풀렸다. 모든 힘들었던 감정들이 무너지고 풀어져 떠나가시는 모습을 묵묵히 지켜드렸다. 맏며느리의 의무감인지 난 두 분의 임종을 모두 지켜 드렸으니, 복이 많다. 결혼해서 맏며느리로 이렇게 두 분과 함께 했다. 어머님은 아버님을 내게 맡기시려고 잘 해주셨다고 생각한다. 세상에는 공짜가 없다는 것도 인생을 살면서 깨달았다. 난 두 분의 만남이 나를 성장시켜 주셔서 성숙한 어른이 되게 해주셔서 감사드린다.

철딱서니 없는 부족한 며느리였습니다.
어머님 덕으로 현이 예지 잘 키웠습니다.
어머님 감사드립니다. 하늘에서 우리 가족 잘 돌보아 주세요.
"어머님이 그립습니다."

젊은 날, 아버지의 초상화

　오래된 앨범에서 흑백 가족사진을 찾았다. 사진 속 옛날 가족의 얼굴을 한참 물끄러미 들여다보았다. 육 남매가 아닌 사 남매의 흑백 가족사진이었다. 막내 남동생과 여동생이 태어나기 전이었을 것이다. 내가 기억하지 못하는 사진 속 아버지의 젊으신 모습과 함께 엄마 그리고 부여에 계신 외할머니와 찍은 사진이었다. 사진을 기억해 보니 딸만 셋인 딸부잣집에 귀한 아들 남동생이 태어난 기념으로 찍은 가족사진임이 분명해 보였다.

　어릴 적 시골 동네에는 유일하게 사진관이 하나 있었다. 그곳에서 찍은 사진이었다. 옛날 사진관은 큰 카메라 앞에는 흰 반사판이 있었고, 사각대 위에 카메라가 올려 있었다. 사진사가 카메라에 검은 천을 씌운 후 그 안으로 들어가 한쪽 손에 조명을 위한 도구를 들고 찍으면 '펑'하고 흰 연기를 뿜어내며 사진을 찍었다. 지금은 디지털카메라가 발달 되어 이 방법은 사라졌다. 사진 속에 나는 초등학교 이 학년이었다. 외할머니는 흰 모시 한복을 곱게

1964. 가족사진

차려서 입으셨다. 머리는 단정하게 쪽을 찌셔 양반 가문의 기품을 세워서 앉아 계셨다. 젊은 시절의 아버지는 흰 셔츠를 입으셨는데, 너무 잘생긴 미남으로 보였다. 아버지가 이렇게 젊은 시절 잘생긴 미남이셨던가? 아버지 모습에 가슴이 뛰며 설렘이 느껴졌다.

엄마는 양장 원피스를 입으셨고, 커트로 우아하게 파마하신 모습으로 멋있다. 딸들은 엄마가 양장점에서 맞춰준 원피스를 똑같이 입고 있었다. 반세기 전의 가족사진임에도 세련된 모습으로 보였다. 그때 언니는 외할머니와 함께 살았고 우리와 떨어져 살았기 때문에 여름방학에 가족이 모여 찍었을 것 같다. 아들을 낳고 찍은 첫 가족사진일 것이다. 아버지가 아들을 낳고 싶어서 둘째 딸인 내 이름의 남자는 사내 남(男)으로 지었는데, 내 뒤에 또 여동생을 낳았으니 매우 서운하셨을 것이다. 그러다 네 번째 아들이 태어났으니 얼마나 기쁘셨을까?

젊은 아버지와 함께 놀았던 날들의 기억이 또렷이 떠오른다. 아버지는 굉장히 검소하시고 자녀 교육에 온 힘을 쏟으시는 가정적이고 낭만이 많으셨다. 가끔 아버지가 혼자 부르시던 '황성 옛터' 노래는 어린 내가 듣기에도 애끓는 한이 느껴져 구슬프게 들렸다. 또 수첩에 적어 놓은 시를 엄마에게 읽어주시는 것을 가끔 본 적이 있었다. 어느 햇살 좋은 봄날 아침, 텃밭에 나가 일하시다 돌아오셔 밭에 숨어 피어 있는 "노란색 토란꽃" 모습을 엄마에게 자랑하시던 아버지의 낭만적인 목소리도 난 기억이 난다. "어린 시절 왜 엄마와 아버지가 아침에 나누시던 대화가 지금도 귀에 생생하게 느껴져 오는 것인지" 이유를 모르겠다. 아마도 유년 시절 내게 편안함이 준 공감에서 온 행복감이었을 것이다. 성장하도록 아버지께서 술에 취하신 모습을 보지 못했다. 한 가지 단점은 깐깐하고 잔소리가 많으신 편으로 엄마는 이 점을 무척 싫어하셨다. 네 딸 중에서 아버지와 사이가 가장 좋았고 항상 곁에 있었다. 이를 증명할 수 있는 것이, 보통 사람이 어떤 일에 갑자기 놀라면 "엄마야!"하는데 나는 "아버지!"하고 소리 질렀다. 게다가 아버지와 나는 엄마의 흉도 함께 보는 부녀의 정이 돈독하고 유난스러웠다. 이런 모습의 아버지를 무척 존경하고 따르며 좋아했었다.

 학창 시절 시험공부를 할 때면 늘 곁에서 함께 지켜봐 주시던 모습이 그때는 싫었고 부담스러워 많이 구시렁거렸다. 어디 그뿐인가! 여름방학 숙제로 곤충채집이 있었다. 아버지는 들판에 나가서 잠자리, 매미, 여치를 잡아 곤충에 알코올 주사를 넣어 썩지 않도록 나무상자를 만들어 침핀을 꽂아 채집을 해주셨다. 방학이 끝나고 과제물을 전시하면 늘 최고상을 받았다. 선생님들과 친구들의 관심으로 자랑거리가 되기도 해 나는 여름방학이 즐거웠다.
 아버지 자신에게는 아끼시느라 새것을 사지 못하고 자전거며 옷도 중고로 사시며 무척 절약하시는 꽁생원으로 보였다. 늘 아끼며 절약하시는 모습이 베이서 어릴 적에는 궁상맞고 싫었다. 커가면서 아버지를 많이 이해하게 되었고, 존경스러운 아버지의 존재감에 믿음이 컸다. 세상의 모든 부모가 다 그렇지 않다는 것을 알게 되면서 아버지에 대해 한없는 감사함과 존경심을 가졌었다.

1953. 아버지의 초상화

초상화 그림 속 아버지는 평소에 생각하고 보았던 얼굴이 아닌, 젊었고 멋지셨다. 젊은 아버지의 외로운 모습이 아닌 사색적이고 낭만적인 모습이어서 보기 좋았다. 그런 아버지께서는 졸망졸망 육남매를 키우시느라 가장의 어깨가 매우 무거우셨을 것이다. 자식들을 부족함 없이 잘 자라게 기르시느라 더욱 힘드셨을 것이다. 정말 운동도 좋아하셔 회사 운동회 씨름대회에서 이겨 부상을 푸짐하게 타오시기도 했다. 자신의 건강을 자부하셨는데, 사람의 '命'이라는 게 타고나는 걸까? 부질없다. 아버지는 생각보다 일찍 급작스럽게 폐렴 후유증으로 일어서시지 못하고 일흔셋 되던 해에 먼저 떠나셨다. 장례를 지내며 그해 겨울이 유난히도 맵고 추웠던 것으로 기억한다. 아버지 가슴은 늘 따뜻하셨는데, 먼 길 떠나시던 날은 몹시 추운 날씨여서 먹먹하고 가슴 시리도록 서러웠다. 어릴 적 부모님이 일찍 떠나시고, 타향에서 친구들도 없이 홀로 사시느라 무척 외로우셨을 것이다.

아버지는 일본으로 혼자 가셔서 고학으로 학교를 졸업한 자주성가형이다. 뒤늦게 6.25 참전 용사로 '국립 괴산호국원'에 엄마와 함께 나란히 안치되어 계신다. 자식으로 일 년에 한두 번 찾아

뵙는 게 고작 늦게 하는 효도다. 지금 부족함 없이 사는 것도 아버지가 가르쳐주고 만들어 주신 덕분인것 같다. 내 가슴에 아버지는 언제나 커다란 나무같이 뿌리가 든든한 존재였다.

젊은 날, 아버지의 꿈은 무엇이셨을까? 곁에 있을 때는 한 번도 여쭤보지 못했다. 아버지의 삶은 행복하셨을까? 어려서 미처 여쭤보지 못했다. 곁에 계실 때는 모르던 그리움이 자신을 위한 삶보다는 가족을 위한 삶을 사신 아버지가 더욱 그립다. 그 대답은 "아버지가 주신 넉넉한 행복함이었다."라고, 인제야 감사하다고 보고 싶고 그리움을 말씀드리고 싶다.

오늘따라 젊은 시절 아버지 얼굴이 보고 싶고, 그리워서 눈물이 난다. 언젠가 그곳에서 다시 만나면 "아버지!! 정말 감사하고 사랑해요."라고 말씀드려야지.

정이야! 건이가 "깍쟁이래"

  인생은 살면서 함께 얻어지는 이름들이 있다. 가족에게 불리는 '둘째 딸' '언니' '이모' '아내' '엄마' '시어머니' 그리고 직업인 '교사'라는 이름도 퇴임으로 끝이 났다. 손주들의 '할머니'로 인생에서 마지막 이름이다. 나이 먹으며 어른이 되어가는 의미이기에 책임감을 느끼고 불리는 이름들은 모두 자랑스럽다. 할머니가 되는 건 싫지만 손주들의 탄생은 내 자식이 태어날 때 그 기쁨 두 배 이상이다. 내 자식은 낳고 키울 때는 막상 힘들어서인지 그리고 처음이라 살뜰하게 예쁘고 귀여운 것을 모르고 허덕이며 키운다. 손주는 너무 다르다. 왜 그럴까? 조건 없는 사랑으로 퍼주고 싶다.

  나는 충주 고향에서 부모님의 중매로 결혼했다. 1년 후 1985년 10월 춘천에서 아들이 태어났다. 상상도 하지 못했다. 낳기 전까지 아들인지 몰랐다. 그 시절에는 초음파 검사를 해도 성별을 법적으로 알려주지 않았다. '남아 선호'로 남녀 차별이 존재했다. 더구나 우리 집은 딸이 넷인 딸부자 집이고, 시집은 딸이 다섯인 딸부자 집으로 엄마를 닮는다 하니 아들을 낳는다는 것은 욕심이라는 생각이 들었다. 그런데 그 확률이 적은 "아들을 낳았다." 장한 일을 한 것 같은 안도감과 용기가 났다. 남편은 딸부자 집의 귀한 아들이었고, 서른두 살의 늦은 나이에 결혼해서 장남으로 대를 이을 가업이 급했기 때문이었다. 첫아들이 탄생해 꿈같고 기뻤다. 이 기쁨으로 친정엄마가 한 달 산후조리를 해주셔서 너무도 감사함이 지금도 엄마 생각하면 잊히지 않는다. 아마 첫아들을 낳아 대견함에 산후조리를 해주신 이유도 있었을 것이다. 그렇게 축하로 탄생한 아들은 중. 고등학교를 춘천에서 마치고 서울대에서 박사과정을 끝내고 졸업했다. 졸업과 동시에 자신의 꿈인 '유비 파이'라는 드론 스타트 사업을 시작해서 정신없이 바쁘게 살고 있다. "드론 쇼" 사업을 진행하며 많은 성공을 이루고 성장하고 있다.

서른이 되자 본인보다 내가 결혼을 서두르며 2015년 11월 오래 사귄 여자 친구 지인과 결혼했다. 아들의 인생이 차근차근 진행되어 가며 5년이 지나 어렵게 2020년 12월에 "며느리에게 축복으로 임신이 선물로 찾아서 왔다."라는 문자와 함께 초음파 사진을 받았다. 오래 간절하게 기다려온 소식이라 행복했고 심장이 떨렸다. 늦은 출산에 뜻밖의 "쌍둥이 임신" 소식이었다. 출산이 늦어진 것을 복구하듯 한꺼번에 손자 손녀가 기적처럼 찾아왔다. 꿈에도 생각지 못한 '쌍둥이 할머니'가 되었다. 아들과 며느리가 소띠인데, 태어날 손주들도 소띠이다. 더 운명적으로 혈액형도 모두 같은 B형이다. 여러모로 일치단결된 가족으로 특별함이 있다. 참 대박이다!!

크리스마스에 앞으로 찾아올 손자들의 탄생을 위해 케이크 위에

초를 두 개 꽂아 축하 기도를 하고 사진을 찍어 기쁨과 축하 마음을 카톡으로 보내주었다. 며느리가 12월 28일 처음 겨우 1.6cm 초음파 사진을 보내주어 두 명의 손주 모습은 신기하기도 했다. 그 후 며느리는 입덧이 너무 심해 먹지도 못하고 힘들게 출산 준비를 했다. 그러다 예정일을 한참 앞두고 응급상황으로 2021년 5월 8일 '어버이날' 수술했다. 갑자기 '쌍둥이'를 위한 급박한 상황이라 당황하고 놀라서 정신이 없었다. 그 시기 코로나 유행이 심각하게 퍼져 '팬데믹'으로 보호자 병원 출입이 엄격하게 제한되어서 가볼 수도 없어 더욱 불안하고 난감했다.

며느리가 서울대에서 수술하던 그날은 평소처럼 오전에는 맑은 날씨가 오후에 갑작스럽게 천둥이 치고 소나기가 태풍과 바람을 몰고 쏟아져 내리는 마음 졸이는 힘든 하루로 편안하게 보내는 '어버이날'이 아니고 불안하고 급박한 상황이었다.

수술실에 들어간다는 아들의 다급한 목소리에 심장이 뛰며 요동쳐서 정신이 없고 다리에 힘이 풀려 주저앉았다. 아들에게 "걱정하지 말라"며 안심시키고 힘 풀린 다리를 겨우 지탱하며 간절하게 기도로 매달렸다.

예정일보다 빠르게 조산했다. 너무나 갑작스럽게 아주 작은 몸으로 '어버이날'에 맞춰 가족이 되어 손주들은 선물처럼 축복으로 찾아왔다. 오랜 기다림 끝에 찾아온 기적이었다. 작아서 인큐베이터로 들어가 엄마 품에도 오지 못했다. 무균실과 신생아실 간호사의 보살핌과 가족의 간절한 기도로 버티는 새 생명은 인큐베이터에서 위대하고 놀랍도록 잘 자랐다. 그 작은 몸으로 버티고 수술과 마취의 고통과 아픔도 참고 견디며 잘 자라고 있었다. "대단해

슈퍼맨이야" 너의 작은 몸들이 해낸 기적을 박수와 벅찬 감동을 느끼게 해주어 감사했다.

사랑 그 언어로도 부족하구나!
감동 그 단어로도 부족하구나!
축복 그 의미로도 부족하구나!

손주들은 작은 몸으로 큰 기적을 만들었다. 온 식구들의 보살핌으로 쌍둥이 손주들은 걱정 없이 잘 성장했다. 아들과 며느리는 작명소에서 이름을 첫째는 임건(林 鍵) 열쇠 건으로 둘째는 임정(林 玎) 옥소리 정으로 지어서 출생신고로 '관악구' 주민이 되었다. 손주들은 작게 태어나서 시련과 아픔을 지나 무럭무럭 거침없이 이기고 건강하게 성장해서 행복과 기쁨을 주는 사랑스러운 존재들이다.

'백일 잔치' 때는 며느리가 직접 백일상을 멋있게 꾸며 가족과 기념사진을 찍었다. 제대로 목도 가누지 못하는데 한복을 입히고 사진 찍을 때 정이 '트레머리 가발'은 귀여워 모두 웃었다. 건이는 머리가 커서 도령 갓이 잘 맞지 않아 안 들어갔다. 머리가 큰 걸 보면 아들의 DNA가 틀림없다.
손주들 사진에 흰 드레스 의상을 입은 정이 공주와 건이 왕자의 영국 신사 양복은 앙증스럽고 귀여움이 가득하고 멋있다.
건이는 모두 "잘 생겼네."라는 말을 들었고, 할머니 눈에도 정말 '꽃미남'이다. 누구를 닮았을까? 신기하다. 꽃미남으로 부러워하는 턱선이 살아 갸름한 얼굴형과 적당히 웨이브를 살린 곱슬머리 검은 머리카락과 속눈썹이 아주 길어 미남형이다. 깊은 눈망울과 눈동자의 맑고 우아한 미소를 날리면 매력이 넘치고 넘쳐 빠져든다.

정이는 "미소 천사"라고 내가 부른다. 정이는 아들의 얼굴과 '붕어빵'이다. 동시에 아들이 나를 닮았으니 결국 정이는 할머니 얼굴과 닮았다. 아들 어렸을 때 사진과 정이의 얼굴을 반씩 모자이크한 휴대전화 사진은 정말 똑같이 닮았다. 정이는 누가 시켜도 가르쳐서도 안 되는 타고난 품성이 주위 사람에게 편하고 힘들게 하지 않고, 순해서 따뜻한 감동을 준다. 잠에서 깨어나면 서두르지도, 보채지도 않고 혼자서 자기 손을 만지작거리며 노는 그 모습은 천사 같다. 그래서 정이를 '미소 천사'라고 부른다. 예사롭지 않은 시선의 집중력과 관찰력으로 영특함이 보여 매력에 빠진다. 눈을 마주치면 미소부터 날려 상대방을 무장해제 시키고 매력에 빠지게 하는 것을 누가 알려줬을까?
"아니 누가 미소를 가르쳐 주었을까?"
"정이야!! 어디서 그 미소 배웠니?"
손주들은 생의 발달 단계에 맞추어 목을 가누기 시작으로 팔과 배치기 다리로 순식간에 빨리 기어다니고 이제 두 발로 걸어 다니는 하루가 다르게 성장하며 웃고 행복을 준다.

얼마 전부터 작은 두 손으로 손뼉도 친다. 매일 보여주는 몸짓이 춤이고 사랑스러운 모습이다. 꼬물거리는 손으로 '빤짝빤짝' 빛나게 휘두르고 옹알이로 의사 표현을 하더니 제법 말을 많이 하고 너무 잘한다. 건이는 "정이 컴퓨터는 뽀로로 컴퓨터고 자기 컴퓨터는 진짜 컴퓨터라고 아빠한테 자랑한다." 사실이 아닌 자기 욕심의 건방진 허세의 말이다.

 요즘 쌍둥이들은 서로의 장난감 쟁탈전 싸움으로 건이가 "깍쟁이"라고 정이는 외할머니에게 속상해 이른다. 정이는 재미있으면 깔깔 소리 내어 웃고 책도 혼자서 펴본다. 아들 말로는 글자를 아는 듯이 "책을 거꾸로 들지 않는다."라고 한다. 그 꼬물거리는 다리를 옆으로 틀어 자기 몸을 뒤집기는 한다. 자기 팔을 빼지 못해 버둥대는 모습은 안쓰럽다. 스스로 터득하여 자연스럽게 뒤집고 옆으로 회전하며 구르기까지 보여주었다. 뒤처질세라 몸을 뒤집기 좋게 해주고 슬쩍 밀어주자 어느 날 눈 깜박할 새 성공했다. 오우! 다 때가 있는 것인데, 기다리지 못하고 어른들은 서두른다.

 건이는 욕심이 많은 듯 정이의 손에 있는 것을 눈치 살피며 모두 빼앗는다. 몇 번 대책 없이 빼앗기더니 양보할 수 없다는 듯 결사적으로 밀어 빼앗기지 않으려는 모습은 암팡지며 당당함이 보여 '걸크러시'라는 별명이 생겼다. 이제 앞 아랫니가 올라와 근질거리는지 손에 잡히는 모든 건 입으로 넣어 씹으며 침을 많이 흘리더니 이가 나면서 엄마가 만든 이유식을 수저로 떠서 먹기 시작했다.
 정이는 입맛이 예민한지 촉감이나 맛이 이상하면 얼굴로 인상을 찡그리며 반응했고 건이는 활동적이라 차분하게 먹이기 힘들다. 똥을 쌀 때 얼굴에 힘주어 빨개지고 입을 꽉 다물어 오물거리며 방귀 뀌는 소리는 어른 방귀 소리를 내며 온 얼굴에 힘주는 모습은 너무도 귀여워 웃음보 터지게 한다.

 얼마 전 스튜디오에 가서 찍은 손녀의 '샤워실 콘셉트'의 헤어

2022. 임건·임정 돌잔치 2024. 어버이날 카네이션 선물

롤 말고 가운 입은 사진은 너무 귀여워 보는 사람마다 배꼽 잡고 웃게 만든다. 손주는 영국 신사처럼 비스듬히 소파에 기대어 앉아 살포시 지어내는 미소는 기품이 줄줄 흐른다. 돌잔치 사진의 드레스와 나비넥타이 셔츠 입은 잔디밭 사진은 너무 멋지다. 돌잔치는 엄마 아빠 결혼식을 올린 '삼청각' 같은 장소에서 했다. 사진 찍고 사람들이 많아도 당황하지 않고 팬서비스로 손까지 흔들며 웃음 주며 돌잔치를 열었다. 기특하고 귀엽고 사랑스럽다. 손주들의 건강과 하나님 보살핌과 은혜 주심을 감사로 기도한다. 무럭무럭 자라는 모습은 행복이고 보물이고 지혜롭고 착한 사람 되게 축복기도를 한다.

요즘 행복하게 사는 맛은 휴대전화로 보내주는 손자 손녀 영상과 사진들을 보며 웃음이 저절로 나온다. 작은 행동 하나하나 모두 간직하고 싶다. 이제 손주들은 커서 어린이집에 다니고 있다.

처음에는 낯설어 울더니 이제 제법 '빠이빠이'하며 어린이집에 간다. 말을 너무 잘한다. 시계를 보고 "시계는 빨리 가서 힘들겠다."라고 말해 깜짝 놀랐다. 할머니한테 "삼계탕 먹고 싶다고 참기름에 깨소금 찍어 먹고 싶다."라고 어른처럼 말해 웃게 한다. 감기에 걸렸을 때 열이 나면 "입맛이 없어 못 먹겠다고 어른 같은 말투로 엄살을 떤다." 기다려줄 때 하나, 둘, 숫자를 세면 건이는 "할머니 마음속으로 세."라고 말한다. 손주들의 말 표현에 놀란다.

정이의 애착 인형 '호랭이'와 '삐약이'는 보물단지만큼 아끼고 찾는다. 정이와 건이가 영어 알파벳을 노래 부르고 숫자를 읽는 것을 보면, 할머니 눈으로는 '천재'로 보인다. 아침 일어나면 그림책을 집중해서 보다가 "할머니 읽어줘."라고 하면, 난 동화 읽는 할머니가 되어준다. 건이의 기억력은 매우 좋다. 글자도 모르면서 내가 읽다가 조금 틀리면 바로 "아니야."라고 내용을 지적하는 게 놀랍다. 손주 재롱을 보면 더없이 가슴 터지도록 행복하다. 더 오래도록 보고 싶은 마음으로 건강을 챙긴다. 삶에서 내리사랑이란 의미를 할머니 마음으로 이해를 해본다. 내 자식 키울 때보다 손주들은 몇 배 더 사랑스럽다.

정이야! 건이는 "깍쟁이"라고 왜? 네 장난감을 뺏어서. 정이야? 그래도 오빠야. 손주들의 재롱과 미소는 천사가 되어 날아온다.

국내 최초 '인공지능 드론 쇼' 꿈을 성공한 아들

〈출생과 유년 시절 에피소드〉

　1984년 고향인 충주에서 결혼했다. 결혼에 별로 적극적이지 않았다. 대학원에 진학하려고 기다리는 중이었다. 그러나 아버지 친구분께서 중매를 약속하셔서 맞선을 보게 되었다. 무더운 여름 한식집에서 만나 냉면을 먹는 그의 첫인상은 키가 크고 선해 보이고 대학에서 시간강사였다. 충주와 춘천과는 거리가 멀어 자주 만나지 못했다. 나는 춘천중학교에서 남편은 충주 건국대에서 근무하고 있어 주말부부로 신혼생활을 시작했다. 남편은 박사과정 시험을 준비하던 때라 시간이 부족해 신혼 생활은 마음이 편하지 않았다.

　시가에는 딸이 다섯 아들이 셋인 대가족으로 그중 남편은 맏아들이었다. 늦은 나이 결혼해 시부모님은 손주를 많이 기다리셨다. 며느리에게 부담 주는 말씀은 안 하셨지만, 저절로 그 마음의 간절함이 있었다. 일 년 후 1985년 10월에 아들을 낳았다. 양쪽 집안

딸 부잣집에 첫아들 손주는 과거급제보다 더 최고의 공로였다. 괜스레 당당해졌다. 낳기 전까지 아들을 낳으리라는 생각을 못 했다. 임신 중에 입덧이 심해 정말 힘이 들었다. 그 고비가 지나 5개월 되어서는 안정되었다. 친정엄마의 입덧도 유난했었다고 외할머니한테 들었다. 딸인 나도 닮았겠구나! 생각했다. 입덧할 때 내가 좋아하는 시어머님이 쑥을 뜯어서 쑥버무리 개떡을 해 주셔서 입맛을 찾기도 했다. 매슥거리는 속은 짬뽕 국물로 가라앉혀서 한동안 짬뽕에 질려 먹지 않았다.

아들의 태몽은 친정엄마께서 커다란 잉어를 잡았다는 이야기를 해주셨다. 나는 태몽이 아닌 출산 며칠 전 꿈속에서 산길을 걷다 산속 옹달샘에서 어린 동자승이 내려와서 몸을 씻는 생생한 꿈을 꾸었다. 꿈을 깨어서도 옹달샘 풍경이 눈에 선하게 아른거려 이상했다. 예정일을 지나 10월에 3.5kg의 아들이 태어났다. 춘천에 그해 처음 개원한 한림대학 성심병원에서 자연 분만으로 낳았다. 출산의 고통은 "뼈가 녹는다."라는 말처럼 진통은 참기 힘들었다. 진통 시간이 너무 길어 힘이 다 빠져서 기절했을 때 수간호사가 산소마스크를 씌우고 정신 차리라고 때려가며 온 힘을 다했다. 개원이래 "제일 큰 목소리로 질렀다."라는 간호사 말에 창피했지만, 머리가 큰 아들놈이 태어나 힘들었다.

딸부자 집 딸로 아들 출산은 믿어지지 않아 몇 번 확인하며 신기했다. 내 인생 최고의 행운이다. 아들을 낳아 친정엄마께서 당당하게 한 달 동안 산후조리를 해주셨다. 아들 이름은 돌림자를 넣지 않고 賢(어질 현) 멋지게 외자로 내가 지은 이름이다.

아들은 나와 붕어빵처럼 목소리도 같다. 엄마가 누군지 금방 맞출 수 있을 만큼 닮았다. 어렸을 때 '립스틱'을 '입술 틱'이라 하고, 자기 이불 담요 발음이 어려운지 '딴 거'라 말해서 웃음거리였다.

초등학교 때 낚시에 취미가 있어 주말이면 낚시터까지 차를 태워주었다. 낚시터에는 주로 나이 드신 어른분들이 계셔서 낚시를 배우며 좋은 이야기를 듣고 인성에 도움이 되었다.

아들은 또래와 비교하면 우량아로 키도 크고 살이 쪄서 헬스장을 다니며 마라톤에 도전했다. 대학에 가서는 '춘천 조선일보 마라톤'에 참가 완주한 기록이 있다.

초등학교 4학년 때 남편이 미국으로 연수를 떠났다. 직장 관계로 따라가지 못하고 혼자 가서 아이들과 방학에 아빠가 있는 미국에 가게 되었다. 서부 일주를 남편이 자동차를 운전해 함께 디즈니랜드, 라스베이거스, 그랜드캐니언, 할리우드, 스탠퍼드 대학, 샌프란시스코를 여행했다. 시애틀에서 캐나다로 가기 위해 암트랙 기차를 타고 밤새워 이틀을 광활한 자연을 보았던 추억은 잊을 수 없는 꿈처럼 남아 있고 밴쿠버까지 갔었다. 아이들과 나는 미국의 첫 여행이었다.

아들은 이때부터 영어에 관심을 두고 열심히 배웠다. 원어민과 소통하고 제대로 영어 인터뷰를 할 정도 수준이 높다. 진짜 산 교육이 되는 여행이라 생각해 가족여행을 많이 다녔다. 아들이 학교 졸업할 때는 선물보다 여행을 간다. 중학교 때는 일본을, 고등학교 때는 뉴질랜드와 호주를 다녀왔다. 자기들을 위한 여행의 기회를 많이 준 것에 두고두고 고마워한다.

키우면서 가슴 철렁한 사고들이 있다. 주말 청평사에 놀러 갔다가

폭포 위에서 돌에 미끄러져 아래로 떨어진 적이 있었다. 꼼짝 못하고 놀라 발만 동동거리고 겁에 질려 있을 때 주위 사람들이 나서 꺼내 주었다. 다행히 그대로 물속으로 다이빙해서 떨어져서 다치지 않아 가슴을 쓸어내린 사건은 두고두고 생생하게 떠오른다.

아들은 남춘천중학교와 강원사대부고 졸업 후 서울로 대학을 진학하면서 내 품을 벗어났다. 기숙사에 짐을 챙겨 주고 내려와 아들이 떠난 빈방이 허전하고 생각나서 잠을 이루지 못했다.

1990년 초창기 대우 MSX 8비트 교육용컴퓨터가 집에 있어 초등학교 때부터 컴퓨터에 관심을 두었다. 중학교 가서는 각종 컴퓨터 정보대회에서 수상을 많이 했다. 그즈음 학교에 컴퓨터가 들어오는 시기에 맞물렸다. 아들의 컴퓨터 다루는 실력이 뛰어나 선생님들의 해결사 도우미로 불려 다닐 정도로 능력이 있어 학교에서 유명한 자랑스러운 아들이었다.

〈 서울대학교에서 드론 꿈을 갖고 박사학위와 창업 성공 신화 〉
 - 수직상승 한 드론 꿈도 수직상승 -

자신이 희망하는 서울대 대학원에서 항공학 박사가 되었다. 박사과정 중에 군 문제는 산업연구원으로 해결되었다. 대학에서는 삼성전자 연구 장학생이었다. 박사 졸업 후 창업을 해 '유비파이'라는 벤처회사 CEO로 드론을 연구하고 있다. 'UVIFY'는 (Unmanned Vehicle + ify)가 합성되어 무인화 기술을 혁신적인 사업에 도전하는 목표를 갖고 있다. 2,000년 초 아직 세상에 드론이라는 이름이 생소하던 시기에 드론을 창업하여 주위에서 걱정을 하기도 했다. 아들은 이제 한발 앞서서 미래의 드론에 대해 필요성을 알고 뛰어들었다. 부모의 도움도 없이 자신의 꿈에 대한 도전에 차근차근 성공해 가고 있다. 또 세상을 바꾸는 15분(세바시) 413회에 '비행 로봇에 꿈을 담아서 날리다.'로 방송 출연을 하며 유명세를 치렀다. 아들은 창업해서 회사 대표로 많은 성과를 올리며 부모를 놀라게 한다.

『2023년 10.30. 3권 51호(통권 141호) 아시아 브리프에 나온 기사를 옮겨본다.』 발행처 : 서울대학교 아시아 연구소
Summary of Article

파일럿, 과학자, 공학자, 그리고 사업가. 앞에 소개한 3가지 키워드는 필자의 어렸을 적 장래 희망의 순서이며, 마지막 키워드는 현재 하는 일이다. 신기하게도 마지막 키워드 '사업가'는 과학과 공학 그리고 파일럿 꿈까지 품고 있다. 이는 과학과 공학이 어우러진 집약체 바로 드론 사업이다. 파일럿의 꿈은 나를 대신해 천여 대에 가까운 드론을 조정하는 것으로 이루었고, 그 드론을 이용한 새로운 비즈니스를 만들어가고 있는 필자의 경험이다.

기억이 비교적 선명한 9살 당시 '파일럿'이라는 드라마가 굉장한 인기를 끌고 있었다. 의사나 선생님 같은 잘 알려진 직업에 비해 파일럿은 생소할 뿐 아니라 경이롭기까지 했다. 비행기를 운전한다는 것으로 신기한데, 그 비행기의 복잡한 내부는 더더욱 신기할 따름이었다. 필자는 "언제 저런 복잡한 기계를 운전할 수 있을까?" 하는 생각에 당연히 장래 희망 질문에는 '파일럿'을 적었다. 그로부터 20년이 흐른 어느 날 필자는 논문을 "소형 무인 비행체의

2024. 한강 불빛공연(드론 라이트 쇼)

영상 기반 자동 항법"으로 서울대에서 박사학위를 받았다. 파일럿의 꿈이 무인 비행체 드론으로 옮겨진 것이다.

필자는 연구실에서 고생을 사서 하는 학생으로 알려졌다. 당시에는 구매할 수 있는 드론이 없어서 드론을 만들었다. 다른 학생들은 연구 결과를 확인하는 용도가 주였던 드론은 시뮬레이션으로 충분히 대체가능 해 만드는 것을 꺼렸다. 시간도 걸리고 위험했기 때문이다. "나는 비행기를 만드는데 매료되어 박사 공부를 하는 것인지, 취미로 비행기를 만드는 것인지 헷갈릴 때도 있었다고 한다." 남들이 하지 않은 것에 도전할 때, 확신을 갖기 쉽지 않았을 것이다. 이런 고생과 노력은 나중에 회사 창업 하는데, 결정적인 역할을 하게 되었다. 2007년 대학 시절 참여한 공모전에서 제안한 '우버나 쏘카 앱과 유사'했는데 심사위원들이 언제 어디서나 인터넷이 되겠느냐로 점수를 주지 않아 채택되지 못했다. 그러나 상상이 안 가던 2010년 아이폰이 국내에 도입되면서 스마트폰의 혁명이 곧 실현되었다. 필자의 연구 드론의 혁명이 시작되어 놀라웠다. 소형드론들이 등장하는 기술적 성숙이 이루어졌다.

2018년 2월 동계올림픽이 평창에서 열렸다. 그토록 강원도민이 염원하던 올림픽에서 개막식과 폐막식에서 보여주는 천여 대가 펼치는 드론 쇼를 놀라움뿐이었다고 기억을 말한다. 그것이 필자의 꿈을 힘차게 밀게 되는 도전의 힘이 드론 쇼를 위한 개발 제품 계획을 세우고 몰두하게 되었다.

2019년 1월 CES(세계 가전 전시회)가 라스베이거스에서 열렸는데 드론 제품을 처음 선보였다. 그 전시회가 끝나고 국토교통부 진행 드론규제 샌드박스 사업에서 군집 드론 분야가 신설되고 '유비파이' 회사가 선정되었다. 그때 크리스마스를 주제로 200대의 드론 쇼에 성공했다. 그 후 COVID-19 팬데믹으로 항공 길이 막혔다. 모두 '셧다운'일 때 국토교통부에서 국민에게 주는 희망의 메시지로 300대 드론 쇼에 성공했다. 비대면 행사에 드론 쇼가 주목받게 되어 팬데믹 어려움에도 성공하는 기회가 되어 성장했다.

드론 쇼라는 새로운 산업 분야로 기술과 예술의 절묘한 만남으로 부산 명소가 된 '광안리 해수욕장 드론 쇼'를 2년째 맡아서 하고 있다. 아들은 드론으로 하늘에 메시지를 그려내고 수만 명이 모인 축제 행사장에서 가장 주목받는 콘텐츠가 된 드론 쇼를 보여주고 있다.

현재 대표인 '유비 파이'는 미국 드론 라이트 쇼 점유율 1위이다. FAA(미연방항공청)에서도 비행 승인 기준 1위 제품이다. 드론 쇼는 앞으로 더욱 발전하여 확대되며 성장하리라 생각된다.

국토교통부와 항공안전기술원은 2024년 5월 1일 국내 드론 기업 처음으로 5,293대 군집 비행으로 세계 최대 규모 기네스 기록에 도전해 성공했다. 인천 송도에서 열리는 2024 대한민국 드론박람회 월드 드론 라이트 쇼에서 최초로 대중에게 공개하여 많은 박수를 받았다.

  국내 드론 기업 최초로 제61회 무역의 날 '1천만 불 수출의 탑' 및 국무총리 표창 수상을 했다. 수출의 탑은 산업 통산자원부와 한국무역협회가 매년 수출 확대와 해외 시장 개척에 기여한 기업을 선정해 수여하는 상이다. '유비 파이'는 지난해 7월부터 올해 6월까지 1천만 불의 수출 실적을 기록하며 이번 영예를 안았다. 더불어 유공을 인정받아 국무총리 표창도 함께 받으며 기술력과 시장 경쟁력을 다시 한번 입증했다. 2019년 해외 시장에 본격 진출한 이후에 현재 세계 25개국에서 자사의 혁신적인 드론 설루션을 수출하며 글로벌 리더로 자리 잡았다고 밝혔다. "자사 제품을 국내 광안리 M 드론 라이트 쇼와 한강 불빛 공연 라이트 쇼 공연에도 국내 1위의 입지를 공고히 하고 있다."라는 기사와 대한민국 드론 산업의 새로운 가능성을 열어나갈 계획이라고 발표했다.

  아들은 밤낮없이 바쁘게 드론 사업을 위해 뛰고 있어 자신의 꿈을 위한 도전에 매진하는 모습이 자랑스럽다. 어느덧 창업한 회사가 10주년이 되었다. 아들은 결혼해서 아들. 딸 쌍둥이를 키우고 있다. 자식들은 10가지를 해주면 100가지를 내놓으라고 하지만, 부모는 자식에게 100가지를 주려는 게 부모 마음이란 것을 자식 기르며 깨닫는다. "자식은 부모 뒤에서 배운다."라는 믿음으로 늘 자식을 위해서 기도한다.

아들에게 쓴 편지 (결혼식 날)

사람은 아들과 딸로서 1/3을 살고 부부로서 1/3을 살고 나머지 삶은 부모로서 살아간다고 한다. 아들아? 드디어 네가 이제 사랑하는 사람과 결혼이라는 인생 항로의 첫걸음에 서게 되는 오늘 감격스럽고 자랑스러우며 진심으로 축하와 행복하길 바라는 마음이구나.

사랑은 눈을 멀게 하지만 결혼은 눈을 뜨게 해준단다.

행복은 찾는 것이 아니라, 함께 만들어가는 것이니 너와 지인이는 함께 서로를 잘 배려하고 이해하며 행복한 부부가 되기에 충분한 모습을 보여주어 고맙고 믿음직스럽다. 사랑하는 아들아? 너의 엄마라서 자랑스러웠고, 행복한 시간으로 너를 키웠다. 이제 너도 성장해 새로운 가정을 만들게 되는 오늘 새출발의 축복을, 꿈을 찾아보거라.

인생의 삶이란 때로는 고난도 있고 역경도 있다. 그때마다 한 번 더 생각하고 긍정적인 마음으로 배려하고 이해하며 따뜻이 보듬어 줄 줄 아는 부부가 되기를 바란다.

너희는 칠 년 여 긴 시간을 지켜봐 주고 따라주고 밀어주며 서로의 믿음과 사랑으로 지켜오지 않았니? 열심히 사는 것보다 더 중요한 것은 올바르게 주위를 돌아보며 사는 게 아니겠니?

이미 만들어진 지도에만 의지하지 말고 아들아? 밤하늘 북극성을 보며 너만의 지도와 우주를 만들어 보거라.

축복된 오늘 이 자리 부모와 형제와 일가친지들 그리고 친구들과 즐거운 축제가 되기를 바란다. 또한 오늘 이 순간이 결혼 언약의 소중한 자리로 기억되어 주길 바란다.

아들 현아 너의 엄마가 되어 행복했고, 열심히 자기 꿈을 찾아가는 너의 도전이 자랑스러웠다. 가족을 생각하는 마음이 고마웠고, 더욱 최고의 파트너 지인 이를 찾아 우리 가족이 된 것은 감동이 되어 마음이 벅차구나. 딸을 잘 키우셔 우리 가족으로 만들어주신 아버님 어머님에게도 감사드립니다. 끝으로 바쁘신 데도 오늘 신랑 신부 두 사람을 축복하기 위하여 이렇게 와주신 친지와 친구와 하객 여러분께 고맙다는 인사를 올립니다.

감사합니다.

2015.11.7. 엄마가 아들 결혼식에서

S대기업에서 IT 연구로 열정적인 딸

 첫아들을 낳고 입덧이 힘들어서 하나만 낳을까 생각할 즈음 서른 살에 딸을 임신했다. 두 번째 딸은 입덧이 심하지 않았다. 아들과 좋아하는 음식도 달라 과일이 당겨서 먹으며 지냈다. 딸의 태몽은 시어머님의 탐스러운 복숭아를 따는 꿈으로 1987년 11월 3.0㎏로 태어났다. 예쁜 딸을 낳아 무척 기쁘고 행복했다.

 딸의 이름은 藝智(예지) 이다. 지혜와 예술적으로 뛰어난 기량을 가지라는 뜻으로 이름을 내가 지었다. 딸이 태어나서 더 기뻤고 정말 예쁘다. 예쁘게 키워서 어떻게 다른 사람에게 시집을 보내나, 아까워서 보낼 수 없다고 생각했다. 그래서 그런지 아직 싱글이다. 딸은 시어머님과 남편을 많이 닮았다. 동양적으로 쌍꺼풀이 없고 피부가 하얗고 키도 크고 날씬하며 선해 보이는 인상이다. 모두 완벽하게 갖추었는데… 왜 없을까?
 하루는 어린이집에 다녀와서 "엄마 사람들은 나를 다 예쁘다고 하지?"라고 해서 웃기도 했다. 딸을 예능적으로 키우고 싶어 어려서 바이올린을 가르쳤다. 초등학교까지 두 번의 연주회에 참가하고 중학교에 가서는 좋은 악기를 구매해서 주었는데도 계속 하지 못했다. 바이올린은 그 뒤 접었고, 오빠의 영향인지 조금 강한 스포츠를 즐긴다.

  혈액형도 오빠와 다르고 성격도 다르다. 그리고 초등학교 때는 모자를 좋아해 늘 쓰고 다녔다. 초등학교 일 학년 담임선생님께서 교실에서도 모자를 벗지 않는다고 말씀하셨다. 모자를 쓰지 말고 교실에서 벗는 것이라 말해도 버릇이 쉽게 고쳐지지 않았다. 고학년이 되고 여자중학교에 들어가 교복을 입으면서 모자 쓰는 습관은 저절로 고쳐졌다.

  멀리 태백으로 전근이 되었을 때도 딸은 어려서 어머님에게 맡기고 갔다. 일주일에 한 번 만나니 딸에게 늘 엄마의 품이 비어서 보고 싶음을 참고 지냈을 것이다. 말을 많이 하지 않고 조용한 내성적 성격이다. 가끔 속마음이 파악되지 않을 때가 많다. 유치원에 다닐 때였다. 성심유치원으로 천주교 재단의 수녀님이 원장이셨다. 유치원에서 부모 참관 수업이 있어서 갔을 때, 자기 앞에 서는 친구들에게 다 양보하며 자꾸 뒤로 밀리는 모습을 보았다. 아들과 너무 다른 모습에 당황스러웠다. 언젠가는 오빠하고 밖에서 자전거를 타다 부딪쳐 넘어지는 사고로 다치고도 오빠가 엄마에게 말하지 말라고 해서 어려서도 비밀을 지켜주며 입이 무거웠다. 딸은 행동이 빠르기보다 천천히 움직인다. 어릴 적에도 보채고 조르기보다 오빠에게 먼저 양보한다. 그 모습이 난 손해를 보게 될까 걱정스러웠다.

초등 2학년 때 미국으로 아빠를 만나러 첫 해외 여행을 갔다. 처음 타보는 비행기와 미국의 낯선 풍경에 어려서 잘 적응하지 못했다. 그때 나이가 어리고 입이 짧아서 음식에 적응하지 못해 고생했다. 서부 여행 중에 입맛에 맞지 않아 먹지 못하는 딸을 위해 LA 한인 식당을 찾아다니기도 했다. 딸은 편하게 바지를 즐겨 입고 다니는 보이시한 매력의 패션 리더이다.

한때는 GOD 가수를 좋아해 사진과 포스터를 모으고 서울 콘서트에 가기도 했다. GOD 카세트 CD와 굿즈 사진들을 많이 모으기도 했다. 한번은 야단맞고 삐져서 며칠 말도 하지 않고 먹지도 않았다. 속상하지만 그 분위기가 싫어서 딸에게 편지를 써 사과한 이후 풀어지기도 했다. 직장 일로 매일 바빠서 제대로 챙겨 주지 못했다. 딸은 남춘천여중과 유봉여고를 졸업했다. 중학교는 바로 집 앞에 있어 좋았는데, 고등학교는 멀고 더군다나 언덕 위에 있어 고생했다. 연세대 대학원에 들어갔다. 딸은 대학에서 성적장학금을 받으며 학점이 우수했다. 학교 다니며 속을 썩인 것도 유난히 사춘기로 반항하지도 않고 잘 커 주었다. 중학교 때보다 고등학교 가서는 열심히 노력해서 성적이 좋아 엄마의 마음으로 딸에게 고마웠다.

대학원 졸업 후 바로 IT 회사에 취직되었다. 회사로부터 꽃바구니와 잘 키웠다는 감사 편지와 포도주 선물을 받아 감동했다. 그 회사는 부모까지 챙겨 주는 고마움에 처음 자식을 키워 보답을 받는 따뜻함이 느껴졌다. 직장이 멀어서 원룸을 따로 얻어주었다. 그렇게 3년을 다니다가 퇴직하고 외국계 IT회사로 옮겼다. IT 회사에 입사해서 첫해는 영국과 독일로 파견근무를 나가 외국 생활을 했었다. 아마 좋은 기회가 되었을 것이다. 외국에서의 경험들이 딸에게 많은 도전과 배움의 기회였을 것으로 생각되어 자랑스럽다.

해외 근무를 끝마치고 돌아오기 전 딸과의 유럽 여행의 기회가 주어졌다. 마침, 퇴임하기 전으로 학교에 한 달의 휴가를 얻을 수 있었다. 딸이 여행 계획을 짜서 비행기표도 보내주었다. 중간 지점 스위스에서 만나기로 했다. 여행을 떠나기 전 기대감이 컸다. 딸과 유럽 첫 여행으로 마음이 많이 설렜다. 딸에게 가보고 싶었던 프라하를 함께 가자고 했다. 2월이었지만 스위스는 춥지 않아 여행하기 좋았다. 스위스 취리히공항에서 딸을 만났다. 일요일 아침에 도착해 브리스틀 호텔로 가는 길에 교회에서 예배 시작을 알리는 성스럽게 울려 퍼지는 종소리는 그날 생생하게 귀에 남아있다. 한 때 우리나라도 일요일에 종소리가 들렸는데, 소음으로 취급되어 사라져 내심 아쉽다. 취리히 아침 종소리가 너무 인상적이었다. 그 종소리가 마음에 담아져 평온함을 주었다. 그다음 날 취리히, 루체른, 인터라켄 도시를 여행하며 스위스 특유의 깨끗한 환경과 산악 도시 풍경에 매력을 느꼈다. 서유럽을 다녀온 적이 있었다. 스위스는 처음이었다. 인터라켄에서 융프라우에 가기 위해 산악열차 탔다. 산악열차는 스키 장비와 등산 장비를 갖춘 관광객들로 가득 찼다. 딸과 나는 '융프라우'를 보려고 따뜻한 파카 점퍼를 입고 방한 모자와 장갑을 챙겼다. 스위스 여행지로 가장 먼저 떠올려지는 곳이고 인생 버킷리스트 사진 한 장 남기고 싶은 곳이다. '융프라우'는 유럽의 지붕이라고 불릴 만큼 고산지대이므로 날씨가 시시각각 변했다. 딸이 열차 탑승권과 입장권을 예매해 놓아 편했다.

첫 번째 열차에서 하차하고 아이거글레처 곤돌라에 탑승해 이동하면 된다. 고산지대 날씨는 어떻게 바뀔지 모르는데 이번 여행에 날씨 복이 있어 좋았다. 내리면 고산지대라 고도에 적응하기 위해 잠시 산책하며 빙하 구경도 했다. 마지막 코스 산악열차를 타고 급경사의 기차는 철길 사이 톱니바퀴가 있어 아찔하게 마음졸이며 달렸다. '융프라우'에 도착하면 화려한 조명과 유럽의 지붕이라고 하는 풍경은 안개에 휩싸여 숨어있어 보이지 않았다. 이곳에는 꼭 '신라면 컵라면'을 먹어야 한다. 최고가 9프랑을 주고 융프라우에서 먹은 신라면은 환상적인 속을 달래주는 최고의 맛이다. 나는 고산병 증세로 숨이 약간 차오르고 머리가 어지럽기도 했다. 눈보라 휘날리는 하얀 설산 '융프라우'는 숨바꼭질을 반복하며 다 보여주지 않고 조금씩 로맨틱하고 신비스럽게 보여준다. 스위스 깃발이 꽂혀 있는 융프라우 인증사진 포인트에서 한 장 남겼다.

다음날은 인터라켄 칼턴 호텔에서 1박을 하고 '마터호른'을 보러 갔다. 산악기차를 타고 내려서 케이블카를 타고 가야 했다. '마터호른'의 모습은 장관이었다. 기압 차이인지 갖고 간 과자 봉지가 빵빵해지는 것에 인상적이고 놀랍기도 했다.

스위스에서 대표하는 음식 '퐁뒤'를 먹었다. "퐁드르(녹이다)" 프랑스어에서 유래된 '퐁뒤'는 알프스 지역 농가에서 겨울철 남는 치즈와 빵을 이용해 만든 음식이라고 한다. 따끈한 음식으로 '퐁뒤'는 제격이다. 딸과 스위스 전통 레스토랑에서 먹는 '퐁뒤'는 여행의 피곤함마저 녹여주었다.

스위스도 좋지만, 이번 딸과의 여행 주 목적지는 체코 프라하이었다. 스위스에서 프라하까지는 기차를 타고 갔다. 프라하성은

1992년 유네스코 세계문화유산으로 지정되어 동유럽 인기 여행지이다. 기차는 특등실 비즈니스석으로 편했다. 프라하 어마어마한 규모의 '성비투스 대성당'은 1929년에 완공된 고딕양식으로 웅장해 보였다. '알폰스 무하'의 스테인드글라스 작품은 중세의 아름다움이 느껴져 예술적이었다. '황금 소로'는 너무 골목이 비좁고 작아서 많이 들어가 구경하지 못했다. 딸이 한국 가이드를 예약해 설명을 잘해 주어 더 많이 알게 되었다.

잘츠부르크에서 함께 여행을 한 딸을 둔 보람으로 행복했다. 프라하 '카를교'는 저녁에 보는 '블타바강'을 가로지르는 풍경이 더 낭만적으로 보인다. 구시가지 광장을 구경했다. 프라하는 낮과 밤이 다른 매력을 지닌다. 바(bar)에서 내려다보이는 강을 보며 맥주 한잔 마시며 카를교의 노을 풍경을 바라보는 여행은 청춘 시절 꿈을 떠올리게 한다.

잘츠부르크 이름은 '소금의 성'이라는 뜻으로 과거 소금 거래로 유명했던 도시라고 한다. 지금은 음악과 예술의 도시 같다. 잘츠부르크는 모차르트 고향으로 영화 '사운드 오브 뮤직'의 배경으로 유명하다. 미라벨 궁전과 미라벨 정원에서 모차르트 생가 집까지는 걸어서 볼 수 있었다. 미라벨 정원의 아름다운 음악과 역사가 흐르는 느낌이었다. 그러나 겨울 여행에서 본 정원은 조금 쓸쓸해 보였다.

오랫동안 먹지 못한 한식을 먹고 싶어 한식당을 찾았다. 다행스럽게 실내도 한식으로 꾸며져 있었다. 김치찌개와 한식 반찬들이 입맛에 맞았다. 이렇게 딸과의 1주일 여행은 꿈만 같았다. 딸은 독일 출장이 있어 스위스에서 헤어졌다. 딸을 1년 동안 영국에 있어 보지 못했는데 여행을 함께하며 고마웠다. 딸이 마련해서 함께 다닌 퇴임을 앞둔 기념 여행이었다. 너무 지금까지도 잊히지 않는 여행이다.

  자식이라도 부모 챙기는 것은 훨씬 딸이 더 생각해 준다. 또 함께한 여행 중에서 기억되는 추억이 있다. 자식을 결혼시킨다는 일은 인생의 중대사로 부모의 책임이지만 힘들고 어려움이 따른다. 서른이 넘어 곁에 사귀는 사람도 있어 결혼식을 상의했다. 박사과정이 끝나 더 미루려는 결혼식을 하기로 결정했다. 이제 와서 아들은 그때의 부모 마음을 헤아려준다. 그렇게 부모 말 들으면 "자다가도 떡이 나온다."라는 말처럼 자식들은 부모의 마음을 잘 모른다. 그렇게 중대사를 치르고, 한숨 돌리며 큰일을 정신없이 마치고 나니 마음이 허전했다. 그래서 혼자 여행하고 싶어서 딸에게 말했다. 그런데 딸도 주말이라 함께 간다고 한다. 순천만으로 가기로 했다. KTX를 타고 딸과 순천만 여행을 했다. 순천만 국가정원은 세계 5대 연안습지로 대한민국 제1호 국가정원이다. 저녁에 도착 아침에 일어나 정원을 걸으며 꽃들과 나무들의 정리된 자연의 가을 풍경 아름다움이 좋았다. '스카이 큐브'를 타고 순천만 국가정원 역에서 순천만 습지 순천만 역을 운행하는 소형 무인 궤도 차량을 이용하면 동천 갈대밭의 아름다움을 하늘에서 감상하는 습지 갈대밭은 장관이었다. 철 따라 철새들이 찾는 철새군락지와 아름다운 70만 평의 갈대밭 길을 걸으니 늦가을 정취가 가득해 딸과 함께 걸으니 낭만적이었다. 더욱 갯벌이 만드는 습지에 배를 타고 가서 가까이 볼 수 있어 좋았다. 용산전망대를 걸어 아래로 보이는 환상적인 습지와 갈대밭이 만드는 S자 라인 전경은

2015. 순천만 여행에서

최고다. 이렇게 딸과 늦가을 엄마의 허전함을 위해 함께 해준 딸에게 잊을 수 없는 고마운 마음이다. 딸이 없었으면 어떻게 살까? 하는 마음이 든다. 그 뒤에도 유후인 일본 여행, 상하이 중국 환갑 가족여행을 함께 했다. 이게 내 삶에서 지치지 않고 살게 되는 원동력이고 추억이다.

  50살이 되어 인생에 고비가 찾아왔었다. 이때 딸은 고등학교를 졸업하고 대학에 입학했을 때였다. 매일 밤 야간 자율을 끝나면 10시에 딸을 데려서 와야 하는 힘든 시간도 벗어나 나름 여유가 생기는 시간이 되리라 기대했다. 뜻밖에 하나님은 마지막에 좀 더 센 시련을 주셨다. 겨울 방학에 받은 건강 검사에서 암이 발견되었다. 와~ 나에게 이건 뭐지? 라고 믿기 전에 혼자 생각을 했다. 그래 잘 이겨보자. 내게 찾아온 암을 손님처럼 잘 대접해 보내자. 혼자 마음을 추스렸다. 세브란스 병원에 입원을 했다.

  학교는 마침 겨울 방학과 2월 학기 말이라 여유로워서 다행이었다. 나는 3월 학교에 병가를 신청하고 집중 치료를 위해 한 학기를 쉬기로 했다. 세브란스 병원에 입원해 있을때 엄마의 곁에서 함께 간호해 준 고마운 딸이다. 곁에서 나를 챙기고 도와주어서 수술과 항암치료의 힘든 고통을 참고 이겨냈다. 딸의 성격은 겉으로 잘 표현하지 않아서 그 속을 알 수 없고 궁금할 때도 있다. 처음에는 내 급한 성격으로 다그치다 천성이란 게 쉽게 바뀌지 않고, 스트레스받을까 봐 포기했다. 이제는 여유 있게 기다려준다.
 아직 싱글이다. 알아서 한다고 하니 기다려본다. 자식을 키우면서 한 배에서 나왔어도 너무 다르다. 딸은 배려하고 조용하게 뒤에서 하고 싶은 것을 말없이 따른다. 그 성격이 고집스럽고 한쪽으로 치우치는듯해 아쉽다. 취직도 본인이 알아서 한다. 나에게 도움을 받지 않으려는 것인지 걱정할까? 봐서 그런지 완전히 결정되면 통보 수준이다. 부모로 그것도 조금 서운했다.
 직장도 세 번째 S대기업으로 옮겼다. 재주가 좋은지 운이 좋은지 어렵다는 젊은 인재들이 한 번쯤 꿈꾸는 직장에 당당히 들어갔다. 아 실력이겠지? 딸 대단해!! 마음 모아서 칭찬한다. 그저 딸에 대해서는 선택을 도와줄 일을 주지 않는다. 모든 것을 본인이 알아서 잘 한다. 집을 옮기는 데 필요한 경제적 지원만 도움을 준다. 딸은 겨울이면 보드를 즐긴다. 언젠가는 마라톤 대회에 참가해 완주하는 사진을 보내주기도 한다. 이제 골프를 배우며 즐기는 듯하다.

 내가 스무 살 시절에 부모는 무조건 결혼을 강요한다. 그러나 시대가 아니 결혼에 관한 생각이 변했다. 결혼이 인생에 필요한 행복의 조건 중 하나이지만 자신이 선택하면 된다. 이제까지 딸은 당당하게 자신감 있게 청춘을 멋지게 살며 즐기고 있다. 그러면 된다고 생각하면서도 좋은 반려자 만나기를 기다리는 마음은 부모로서 어쩔 수 없다. 미래를 준비하며 열정적으로 즐기며 사는 딸이 대견하고 고맙다.
 자식이란 무엇인가? 삶의 기쁨이 되기도 하고 항상 걱정스러운 존재기도 하다. 딸은 엄마의 인생 친구라고 한다. 엄마와 함께 외롭지 않게 오래 지켜줘. 나는 두 자식을 위해 새벽기도를 한다.

내가 해준 것 이상으로 더 큰 감동을 안겨준 자식들이라 소중하고 자랑스럽고 감사하다.

　딸은 내 삶에 긍정적으로 기쁨과 즐거움으로 행복감을 준다. 나이가 들어가면서 보살핌의 지원군이 되어 주기도 한다. 딸이 자랑스럽고 엄마보다 자유스럽고 더 행복한 꿈을 찾아가기를 바란다.

유후인 여행의 '인생 컷'

　여행에서 멋진 풍경을 보면 사진을 찍는다. 스마트폰이 생기면서 사진은 생활의 필수가 되었다. SNS나 블로그에 일상적인 자기 모습을 사진으로 올리는 인스타들이 많다. 카톡에도 글을 쓰기보다는 일상의 사진들이 더 넘쳐난다. 이제 사이버 초상권 보호가 필요해 보인다. 일상의 사진을 찍어 올리는 게 왜 필요했을까? 상업적인 마케팅을 목적으로 시작되었을 텐데 자랑하고 남이 알아주는 팔로워 숫자와 '좋아요' 조회수를 늘리기 위한 행동들에 대한 경각심이 든다. 깊이 생각 없이 올린 그 사진은 나중에 어떻게 처리할까? 하는 의심이 들어 신중하게 사진을 올린다.
　나도 스마트폰으로 사진을 요즘 많이 찍는다. 폰 갤러리에 많은 사진이 저장되어 있다. "남는 게 사진뿐이다."라는 생각도 한다. 하지만 가끔 갤러리 사진에서 먼지 쌓인 공해처럼 청소하고 정리하며 지워내기도 한다. 스마트폰으로 사진 찍는 것이 편리하지만 옛날 카메라에 필름을 넣어 찍거나 기념사진으로 사진관에 가서 "펑" 소리 내어 인화되는 사진의 맛과 멋하고는 너무 다른 느낌이 있다.

2016 유후인 료칸에서

겨울방학 중에 2016년 2박3일 일정으로 후쿠오카와 유후인에 딸이 계획하여 남편과 함께 온천여행을 했다. 사진을 보면 남편과 딸 나 모두 밝은 표정으로 행복해 보인다. 남편과 딸과 셋이 함께한 여행은 처음이다. 딸은 대학원을 졸업하고 H기업 IT회사에 첫 직장으로 입사했다. 지금도 기억나는 것은 입사했을 당시 회사에서 꽃바구니와 포도주 한 병을 축하 선물로 부모에게 보내주어 감사했었다. 졸업 후 바로 취직이 된 딸에게도 고마웠다. 회사 대표가 감사 글과 선물로 부모까지 생각해 주는 배려에 더 큰 감동을 했다. 딸이 휴가를 얻어 처음으로 계획하고 함께 떠난 일본 온천 여행이었다.

일본이 가까워서 벌써 네 번째 여행이다. 딸과 아들이 초등학교 다닐 적 오사카와 교토에 갔었다. 친구들과 삿포로, 도쿄, 규슈도 다녀왔다. 이번 후쿠오카와 유후인은 처음이다. 이곳은 소위 요즘 유명해서 많이 찾는 핫한 곳이기도 하다.

패키지여행을 주로 이용했다. 관광 가이드를 맡아 그저 몸만 챙기는 여행이라 편리해서 좋았다. 이번 여행은 딸이 계획하고 일정을 짜 호텔과 교통권 맛집 투어를 찾아 예약을 정한 여행이었다. 자유여행은 익숙하지 않고 일본어도 몰라 힘들고 어설프다. 하지만 딸을 믿고 열심히 따라다니기만 하면 된다고 생각하고 딸의 여행 계획을 믿었다.

일본 여행에서 힐링으로 유후인 "료칸" 전통가옥에서 지내며 전통 옷 '기모노'를 입고 '게다'라는 슬리퍼를 신은 발가락 양말 사진의 발이 너무 인상적이었다. 지금도 이 사진을

2016. 유후인 료칸에서

보면 저절로 마음에서부터 나오는 웃음이 있다. 이런 순간이 언제 또 오겠는가? '인생 컷' 추억의 멋진 사진이 되었다. 작년 신장 수술 후 더욱 남편의 건강이 회복되지 않아서 함께 해외여행을 떠나는 것은 엄두를 못 낸다. 늘 살면서 바빠서 "다음에 다음번에"라고 미루는 것은 그대로 끝이 될지도 모른다. 삶에서 약속은 때로는 쉬운 것 같아도 막상 미루어지면 그냥 지나쳐 흘러가 지키지 못하는 일이 많다. 그래서 유후인 여행은 미련이 남지 않은 추억이 되었다.

딸이 마련한 일본 여행에서 함께 찍은 사진을 보면 더욱 추억이 생각난다. 그때 여행은 청춘의 딸이 에너지 넘쳐서 허덕거리며 눈치 보며 쫓아다녔다. 딸은 말이 적은 조용한 성격이지만 가끔은 행동적이며 스포츠를 즐기고 좋아한다. '마라톤'에 도전하는 용기 겨울에는 '스노보드'를 즐기는 것 요즘 주말 '축구'를 하는 것 그리고 '골프'를 좋아하며 강한 체력이 부럽기도 하다. 애교가 많거나 곰상스럽지 않지만 내 곁에서 힘들어도 마다하지 않고 지켜주는 믿음직스러운 고마운 딸이다. 그래서 늙어 엄마한테는 딸이 있어야 한다고 말한다. 곁에서 엄마 생각하며 챙기는 것은 역시 딸들의 몫

이다. 아직 딸은 결혼을 생각하지 않고 혼자 삶을 즐기고 있다. 나도 살아보니 요즘은 결혼 '적령기'도 없고 자신을 위한 삶을 사는 선택도 존중해서 "결혼해야지"라고 보채지 않는다. 속으로는 좋은 사람 만나게 해달라고 딸을 위한 기도를 늘 한다.

　유후인 일본 여행에서 '라멘'의 맛집 투어중에 많은 종류에 놀랐다. 우리 라면은 '신라면'과 '진짬뽕'을 좋아한다. 얼큰하고 매운맛이 있어 즐겨 먹는다. 그런데 일본 '라멘'은 된장(미소) 간장(소유) 소금(시오) 마늘 기름(마유) 고추기름(라유) 라는 소스가 다양하다. 국물은 우리 라면과 달리 고기 육수로 돼지 뼈나 닭 뼈를 국물로 내어 느끼해서 별로 입맛이 댕기지 않았다. 아직 라멘의 입맛이 맞지 않아 느끼했다. 특히 후쿠오카의 '돈코츠 라멘'은 유명하니 꼭 먹어보기로 했다. 하지만 신라면처럼 속을 풀어주지 못했다. 나라마다 음식도 개성과 특징이 있어 평소와 달리 그곳 음식을 먹어보는 '맛집 투어'도 해보면 낭만과 추억이 되고 즐거웠다. 그보다 내가 좋아하는 여행은 그곳만의 살아있는 풍경을 느껴보는 것이다.

　유후인은 아기자기하고 거리가 아름다워 신세대들의 먹거리와 함께 휴식 같은 여행지이었다. 일본 전통 '료칸'에서 하루 밤은 힐링 쉼이 되었다. 그곳의 유명한 꼭 먹어야 하는 '벌꿀 아이스크림' '우유푸딩' 맛도 긴 줄을 서서 기다려 먹었다. 주인이 금상을 타서 유명한 '크로켓'을 사서 먹었다. 평소에 나와 남편은 여행지에서 모자를 즐겨 쓰고 다니며 좋아한다. 여행지에서 모자를 쇼핑하는 취미도 있다. 유후인에서 새로 산 남편의 '헌팅 캡' 진회색 모자를 좋아해 지금도 겨울에는 꼭 쓰고 다니며 마음에 들어 한다. 추억의 여행지 모자로 그 모자를 쓰면 남편이 중후하고 멋진 신사 모습이 완성되는 것도 유후인 여행을 생각나게 한다.

 유후인 '기린 코 호수'에서 헤엄치는 물고기 비늘이 석양의 금빛으로 빛나는 모습을 보고 붙여진 이름의 호수도 함께 산책했다. 한국에는 추운 겨울이지만 유후인은 날씨도 따뜻해서 여행하기 좋았다. 일본 숙소에서 준 '기모노'는 처음 입어보았지만, 몸이 편해서 좋았다. '료칸'에 있는 작은 일본식 정원에 모든 게 아기자기하게 가꾸어져 매료되었다. 일본은 작고 섬세한 정교함이 있어 매력 중 하나다. '료칸' 온천은 여행의 피로를 다 씻어주며 최고의 힐링이 되었다.
 이 유후인 발가락만 나온 사진은 '인생 컷'이 되기도 한다. 딸과 함께한 여행이 더없이 행복했었고 즐거웠다. 자식 키운 보람으로 대접받는 것처럼 어깨가 든든해져 으쓱해져 올라간다. "딸 최고야 고마워." 눈시울이 올라와 마음속에 감돈다. "여행은 어디를 가느냐보다 누구와 함께 가느냐가 중요하다."라는 말처럼 인생 여행으로 남았다. 또 기회가 있을까 하는 아쉬움이 생긴다.
 언제 다시 이런 여행의 시간은 올까? 기모노를 입고 남편과 딸과 행복한 웃음이 있는 사진과 료칸 정원에서 게다를 신고 찍은 발가락 양말이 너무 곱살스럽게 익살이 느껴져 인생 사진이 되었다. 이 사진을 보면 딸과의 여행이 다시 기다려진다. 그래 산다는 것은, 긴 여행을 하는 거겠지. 삶의 짐 다 내려놓고 떠나는 거겠지.

2부

교단 40년의 기억들

첫 교단 벽지에서 '하얀 싸리꽃'의 그리움

강원대학교 사범대학에서 79년 졸업했다. 70년대 국립대학은 강원도교육청에서 학교 근무 발령을 내주었다. 사립대학은 임용고시 제도가 있었다. 졸업과 동시에 강원도교육청으로부터 3월 교사 임용발령장을 받았다. 횡성군교육청에서 다시 근무할 학교 임지를 배정해 주었다. 교사의 꿈도 있었지만 형제가 많아 대학을 가기 위해서는 부모님이 국립대 사범대학에 합격해야 보내주신다고 하셨다. 국립대 사범대는 각 도에 한 곳뿐이어서 예비고사 합격과 본고사 성적이 우수해야 들어갈 수 있었다. 부모님의 꿈이 딸이 교사가 되는 것이고, 나도 교사의 꿈을 갖고 있어서 입시 준비를 열심히 해서 부모님의 뜻대로 합격했다.

1979년 3월 15일 교사의 첫 근무가 시작되었다. 3월이지만 산골 벽지학교는 을씨년스러운 날씨로 쌀쌀했고, 새로운 환경에 적응하려는 불안함에 더 떨렸다. 따뜻한 봄이 먼 듯 낯설었고 신규 교사 적응은 산골벽지에서 매우 고생스럽고 힘들었다. 벽지의 시골 마을

이라 지내야 할 방을 구하기 힘들었다. 선배님의 도움으로 겨우 노부부가 사시는 집 방 한 칸을 얻어 짐을 풀었다. 어렵사리 얻은 방은 노부부와 함께 부엌을 쓰는 작은 방이었다. 시골집이 처음이라 생활이 낯설고 춘천에서 들어오는 버스 교통이 많이 없어서 불편했다. 조용하고 한적한 산골에 있는 벽지로 버스가 하루 4번 드물게 다녔다. 춘천에서 버스로 횡성에서 내려 다시 1시간 넘게 비포장 산길과 물길을 지나서 집에 도착하면 깜깜한 밤이 되었다.

 강림중학교는 치악산 뒷자락에 있는 소규모 학교다. 요즘 '안흥찐빵'이 유명한데 안흥면에서 근거리에 있는 벽지학교다. 엄마가 교사가 된 선물로 양장점에서 맞추어 주신 검은색 투피스 정장을 차려입었다. 제법 교사티를 내고 머리도 어깨 위 단발로 정리하고 첫 부임 인사로 교무실에 갔다. 전 직원이 10명 정도이다. 교사 7명 사무직 3명의 단출한 분위기다. 계신 선생님들이 대체로 젊으셔서 다행이었다. 교장 선생님은 퇴임을 앞두신 윤 교장 선생님이셨다. 교감 선생님은 연탄가스 사고로 인한 병가 중이었다. 몇 번 뵙지 못하고 사망하셔서 안타까웠다. 먼저 학교에서 관사에 사시며 연탄가스 중독 사고라서 더 마음이 아팠다. 나에게도 어릴 적 서산중학교에서 교사로 근무하시던 이모가 연탄가스 중독으로 돌아가신 슬픈 가족사가 있어 더 마음이 아프고 힘들었다. 석탄 산업이 발달 되었던 그 시대에는 난방이 거의 연탄을 때던 시기라 연탄가스 중독사고가 자주 있었다. 아마 주택시설이 낙후되어 일어나는 사고였을 것이다.

 시골 생활은 방에 장작으로 불을 지피는 일이 손에 익지 않고 어설퍼서 제일 힘들었다. 밥은 전기밥솥이 있어 다행이지만 음식은 '석유풍로'를 사용해서 만들었다. 우선 불편한 것은 퇴근해서 장작으로 불을 지피는 일이다. 시골집이라 단열이 잘되지 않아 방에는 외풍이 심하고 온기가 식어가는 새벽에 추웠다. 세수도 겨울이면 물을 데워서 해야 하므로 힘들고 번거로웠다.

학교 교실은 '조개탄'이라는 석탄을 빚어 숯처럼 조개 모양으로 만들어 말려서 굳으면 난로에 넣어 불을 피웠다. 처음에는 가스 냄새가 나지만 막상 숯 탄에 불이 붙으면 화력이 좋아 따뜻했다. 먹는 물도 끓이고, 학생들 점심 도시락도 데워서 먹었다. 급식이 없었던 시절이라 도시락을 싸서 등교했다. 겨울에 김치를 밑에 깔아 데우는 '김치볶음밥' 점심은 꿀맛이었다. 지금도 난 가끔 그 시절 도시락처럼 먹는 김치볶음밥을 좋아한다. 입맛을 돋우는 데는 최고의 향수 어린 한 끼다.

시골 벽지학교는 여선생님이 적었고, 신규로 1학년 담임을 맡았다. 업무는 환경미화로 교실 환경이나 복도, 교장실, 현황판 관리를 맡아했다. 학생들은 남녀 공학으로 여학생보다 남학생 수가 많았다.

미술 시간은 주당 1~2시간이어서 수업시수가 적었다. 다른 교과와 형평을 맞추려고 도덕 과목까지 상치로 맡아야 했다. 도덕 선생님이 계시지 않아서였다. 실제 교과서 도덕 내용은 쉽지 않아 사전 수업 준비가 많이 필요했고 전공과목이 아니라 부담이 컸다.

지금은 수업지도안을 컴퓨터로 작성하고 많은 자료가 교육자료 사이트에 있다. 교육평가원 학습자료가 참고할 전문 수업자료들이 넘쳐난다. 그러나 79년 처음 교사 시절에는 자료로 오로지 '교과서'와 '참고서' '학습지도서' 뿐이었다.

지도안은 노트에 자필로 작성하여 월별마다 연구부장, 교감, 교장까지 결재를 받았다. 지도안은 1년에 2번 교육청에서 실시하는 장학지도에 평가가 되는 중요한 자료였다. 장학사는 학교에 와서 학교 현황과 교사들의 수업을 참관하고 학교평가를 했다. 장학지도가 있는 날에는 교직원 친목을 위해 회식을 했던 기억이 난다. 시골에는 전문 식당이 많지 않아 삼겹살을 먹으며, 오랫만에 술이 오고 가는 자리로 흥겨웠다. 이 장학지도가 있는 날은 신규 교사에게는 긴장되고 부담이 되기도 했다.

40년 전 첫 교사로 강림중학교를 생각하면 정든 제자들도 생각이 나지만 그보다 "하얀 싸리꽃"이 더 그리워진다. 춘천 집에 갔다가 돌아오는 주말이면 막차 버스를 기다려서 타야 했다. 버스로 들어올 때 달밤 강림 하천 옆에 어스름 4월 중순이 지나면 '하얀 싸리꽃'이 무더기로 흐드러지게 넘치고 탐스럽도록 피었다.

버스 창문을 통해 달빛에 보던 하얗게 핀 싸리꽃은 화관 실타래처럼 펼쳐져 있어 가슴이 벅찬 풍경들이 낭만적으로 감상에 빠져 그리움으로 피어난다. 지금도 4월이 되면 나는 언제 어디든 싸리꽃이 보고 싶어서 찾아 헤맨다. 어김없이 그리워서 하얀 싸리꽃이 피는 곳을 찾아 꽃 순례길을 시작한다. 이 순례는 첫 부임지 강림중학교에서 얻은 잊지 못할 그리움의 소중한 추억이 되었다.

학생들이 순박하고 나도 열정이 넘쳐 교사 생활이 즐거웠고 행복했다. 주말이면 냇가에 학생들과 나가서 어망과 족대로 물고기를 잡아 어죽을 맛있게 끓여 먹는 천렵을 처음으로 즐겼다. 등굣길에 산길을 걸어오며 학생들이 꺾어다 주는 들꽃의 이름 모를 꽃들의 향기도 그립다. 가끔 남학생들이 나를 놀려주기 위해 '개불알꽃'을 꺾어다 주었다. 꽃은 분홍색으로 예쁜데 모양이 개의 불알처럼 보여 붙여진 난과의 꽃이다. 이름과 꽃 모양이 특이하기도 했다. 처음에 꽃 이름을 몰라 물었더니 남학생들이 키득거리며 말을 못 했다. 그러다 한 명이 '개불알'이라 말하자 교실 전체에 웃음이 터졌다. 그 단어가 민망스러웠나 보다 듣는 나도 민망스러워 얼굴이 달아오르기도 했던 기억이 새롭다.

 즐거운 기억만 있는 것은 아니며 고생한 일도 있었다. 지금 생각해도 심장이 뛰며 겁나는 사건이 있었다. 반 남학생들과 주말 치악산을 등산하기로 약속했다. 치악산 '구룡사'에 잘 아는 보각 스님이 계셔 만나 뵙기도 할 겸 일요일 아침 간단하게 차려입고 길을 떠났다. 저녁에 돌아서 올 수 있는 거리라 특별한 준비가 필요하지 않았다. 아침에 날씨도 맑고 쾌청했다. 다른 생각도 걱정도 하지 않고 가벼운 마음으로 떠났다. 그렇게 걸어서 구룡사를 들려 치악산을 넘어오던 정상에서 갑자기 여름 소나기 폭우가 쏟아졌다. 산에서 만난 폭우는 주위를 살필 수 없는 시야로 안개와 구름이 막아 어둠 속에서 길을 찾을 수 없고 헤매었다. 준비 없이 떠난 가벼운 차림에 흠뻑 비를 맞았다. 다행히 남학생들이라 안심은 되었다. 치악산이 험하고 높아서 정상은 날씨가 갑자기 돌변했다. 비를 맞으니 여름인데도 체온이 떨어져 몹시 추웠다. 조난당할 것 같아 덜컥 겁이 났다. 학생들을 달래며 의지하고, 산 정상에는 피할 곳도 없었다. 길도 찾지 못하고 치악산을 헤매고 돌아다녔다. 몇 번을 찾아다니다 불이 켜진 동네를 발견했다. 구세주를 만나는 기분으로 안도감을 찾았다. 마을 가겟집에서 아이들과 젖은 옷을 말리며 밤을 보냈다. 아침에 차가 다니지 않아 월요일 학생들과 나는 출근을 못 했다. 어이없는 큰 사고로 걱정이 되었다.

   지금처럼 휴대전화도 없고 벽지 마을에 전화도 없어서 학교에 연락하지도 못했다. 교사와 학생들이 나오지 않아서 얼마나 걱정했을까? 하는 두려움이 덜컥 앞섰다. 겨우 버스를 타고 점심시간 되기 전 학교에 도착했다. 그 시간에는 이미 오전수업이 끝났다. 교장실에 들어가 어제 있었던 자초지종을 자세하게 말씀드렸다. 교장 선생님은 걱정스런 마음과 잘못된 점을 지적해주셨다. 아마도 무모한 젊은 신규 여교사 행동이 황당하셨으리라 생각되었다. 너무 죄송스러운 마음이었고, 학부모님도 걱정하셨는데 무사해서 천만다행이었다. 그 후 학생들과 함께 나서는 일에 신중히 생각하는 계기가 되었다. 다시는 없으리라 놀란 가슴을 진정하고 다짐했다. 그 엄청난 실수도 지나고 나니 웃음이 나고 추억으로 남아있다.
   학부모님들은 농사를 지으면 정성을 다해 옥수수 감자 등 먹을 것을 야간자율학습 시간에 간식으로 보내주신다. 너무 맛있게 풍족하게 먹으며 즐거웠다. 시골 학교는 학부모님들과 오가는 정이 넘친다. 기억나는 순영이가 있다. 집이 멀어 야간자율학습 시간에 참여하지 못하는 순영이를 도우려고 나와 함께 자고 생활하며 지내도록 배려 해 주었다. 무척 고마워했고 순영이가 착하고 열심히 노력하는 모습이 보기 좋았다. 담임과 한방에서 함께 잠을 자는 게 불편할 수 있었을 것이다. 졸업하고 순영이는 횡성여고에 진학하고 나도 춘천중학교에 전근되어 이후 소식을 모른다. 이제 결혼해 학부모가 되었겠지 착하고 열심히 공부하던 순영이가 꿈을 이루며 잘살고 있으리라 믿는다. 보고 싶고 궁금하기도 하다.
   또 경화는 나를 만나 그림을 배워 미술대학에 갔을 것이다. 경화는 곁에서 너무 정이 들었다. 그림을 지도하며 대회에 보내기 위해 밤늦게 미술실도 없이 교무실 한구석에서 가르치던 열정도 있었다. 누구나 초심은 열정들로 가득 찬다. 초임 교사 시절 근무하고 가르친 학생들에게 유독 정이 많이 들었다. 첫정은 누구에게나 크고 절실해진다.

  개인적으로는 첫 부임지 학교에서 최고의 실적들이 있었다. 교사들이 매년 전시회에 작품을 출품하면 우수 작품을 시상하는 '교원 미술 전시회'가 있었다. 세 번의 상을 받으면 추천작가가 되고 추천되면 초대작가가 되는 교사들만의 경연 전시회였다. 상을 받으면 승진 특전의 가산점이 있었다. 신규 교사로 첫해 '치악산 풍경'을 그려 출품했다. 그런데 와우!! 놀랍게 은상을 받았다. 다음 해는 또 금상을 받았다. 상복이 터졌다.
  학교와 학부모들과 학생들에게 축하를 많이 받았다. 횡성군 교육청에서는 신규 교사가 최고의 실적을 올려 그해 산업시찰을 하는 2박 3일 현장 연수 여행 특혜와 포상도 받았다. 주위 인정과 칭찬으로 덩달아 우쭐하고 신이 났다. 상복이 터져 학생들을 미술대회에 데리고 나가면 모두 수상을 했다. 경사가 겹치고 많은 미담이 생겼다. 학생들에게 물감과 재료를 다 사주고 저녁에 집으로 데려와 밤늦도록 연습시키는 노력의 결과였다.
  첫 교단의 그 시절 사회적 배경의 끔찍하고 놀란 역사적인 날 아침이 두려웠던 기억이 난다. 10월 산골 날씨는 아침이면 찬 기운으로 으스스 어깨가 움츠러든다. 아침 일어나 출근하기 위해 데운 따뜻한 물로 펌프 옆 마당에서 머리를 감고 있었다. 특별한 소식을 전해주기 위한 동네 스피커 아침 방송에서 "10월 26일 삼청동 연회장에서 김재규로부터 박정희 대통령이 시해 되셨다."라는 방송이 나왔다. "이게 뭐지." "그럼, 이 나라는 앞으로 어떻게 되는 거야."
 한동안 나라의 비상사태들이 걱정스러웠다. 그날 아침 방송은 나라의 슬픈 역사의 한 페이지이다. 지금도 첫 근무지 학교에서 그 두려운 아침 흘러간 역사가 생생하게 기억난다.

 시험지 원안 출제에 관한 이야기다. 시험지를 철필로 쇠판에 초가 입혀진 원안지를 긁어서 시험문제를 냈다. 그 원안지를 제출하면 기사분이 검은 등사 잉크로 밀면 글씨가 종이 위에 인쇄되었다. 그런데 아뿔싸 초임 시절 처음 원판을 처음 사용하다 보니 요령이 없이 힘을 주면, 원안지가 찢어지고 힘을 약하게 주면, 글씨가 나오지 않아 시험지를 망치게 되는 아찔한 일도 있어서 당황했다. 학교에 물자가 풍족하지 못했다. 어려운 시절 원판이 2개뿐이어서 서로 차지하려고 교사들은 눈치를 살폈다. 빈 수업 시간이나 방과 후 철판을 차지하기 위한 교사들의 애환도 있었다. 이런 추억거리들이 지금은 사라졌다. 교육 현장도 최첨단 문화가 도입되어 풍족한 시대를 살고 있다. 지금은 그 시절 이야기가 이해될지 모르겠다. 벽지에서 3년, 내 교단은 몽땅 쏟아 넣은 삶의 열정이었음에 후회 없다.
 첫 교사의 시작으로 청춘을 보낸 그곳은 아득한 세월이 흘렀어도 인생 첫 페이지에 하얀 싸리꽃 그리움과 향기로 날아온다.

태백 탄광촌에서 보낸 야간수업

　교사들은 지역 만기 제도가 있다. 춘천 지역 8년 만기로 태백 탄광촌으로 발령을 받았다. 너무 멀었다. 원주역까지 남편이 차로 데려다주면, 역에서 태백선 기차를 타고 다닌 기간이 3년이다. 멀고 먼 고난의 연속으로 교단에서 제일 힘들었다. 가족과 떠나 혼자 머물며 외로웠던 시기이다. 숙소도 좋은 환경이 아니라 고생스러웠다. 다행스럽게 1년 만에 새로 지은 교원아파트 관사를 배정받아 입주하게 되어 기뻤다. 유치원에 보내기 위해 아들을 데려와 함께 지냈다. 아들은 바로 옆에 있는 상장초등학교 병설 유치원에 입학했다. 그나마 딸은 어려서 데려오지 못했다. 춘천 시어머님께 맡기고 떨어져 있어 일주일에 한 번 만나는 이산가족이 되어 안타깝고 죄송스러웠다.

　춘천중학교와 남춘천여중에서 8년을 보내고 경력과 연륜이 늘어 학력을 담당하는 연구부장을 맡았다. 1990년에는 고교 입시제도가 원하는 학교에 지원해서 시험을 보았다. 지금은 내신 성적으로 지원하여 학생들이 시험을 보지 않아서 사실 큰 부담이 없다. 좋은 성적으로 원하는 인문계 고등학교에 합격하기 위해서는 학교에서 학생, 교사, 학부모 모두 노력하지 않을 수 없는 시기였다. 밤 10시까지 야간자율학습을 맡아 했다. 현장에서 연구부장으로 학력을 위해 모의고사를 치르고 평가 비교하며 뚝심 있게 책임감을 느끼고 발로 뛰며 최선을 다했다. 열심히 뛰는 모습을 다행스럽게 관리자와 마음이 잘 통하고 교사들도 잘 협조하여 성과가 좋아 힘든 줄 모르고 보람이 있었다. 그 모든 교사의 노력은 원하는 춘천고등학교와 춘천여자고등학교에 많이 합격시켜 학교의 기틀을 마련했다. 그 덕으로 학부모님들도 학교에 많은 지원을 해주셔 힘은 들었지만, 즐거운 기억으로 남아 있다. 학교에서 밤늦도록 야간수업은 교사에겐 매우 피곤한 생활이었지만 부장교사로 책임감을 갖고 버티었다.

 탄광촌의 문화 시설이 부족해 주말이면 춘천집에 가기 위해 아들과 태백선 기차를 타고 낭만적인 여행을 즐겼다. 일곱 살 아들은 기차를 타면 정차되는 역 이름을 외워가며 그 나름의 여행에 적응했다. 영월역에서 잠시 10분 정차하는 시간에 철도역 매점에서 사서 먹는 가락국수 한 그릇은 스릴 넘치는 추억으로 남아있다. 따뜻한 가락국수 위 반찬으로 단무지 몇 조각과 고명으로 쑥갓과 파가 곁들인 국수를 3분 안에 먹어야 하는 촉박함에도 너무 맛있게 먹었다. 그 한 그릇이면 춘천까지 편안하게 배부르게 갈 수 있었다. 가끔 어릴 적 엄마와 기차를 타고 다니던 아득한 기억을 아들이 묻기도 한다.

고생스러워도 아들과 함께하는 시간이 즐거웠지만 딸은 걱정이 많이 되었다. 어릴 적 엄마의 품이 얼마나 그리웠을까? 하는 마음과 아무리 할머니가 곁에 있어도 엄마 품만 못할 것이다. 지금까지도 헤어져 있던 기간 딸에 대한 연민이 미안함으로 남아있다. 마음 주지 못한 아쉬움을 물질로 보상해 주려고 했지만 채워질 수 없었을 것이다. 딸과 떨어져 산 공백 기간으로 정서적 유대감이 적어 늘 서로 낯설어 마음 아팠다. 그 마음을 해결하기 위해 무리해서 일 년 후 시어머님과 딸을 태백으로 데려왔다. 그마저도 야속하게 어머님의 갑작스러운 폐암 진단으로 결국 함께 살지 못하고 다시 춘천으로 돌아갔다. 어머님의 병세가 많이 악화되셨다. 어머님을 간호해 드리기 위해 태백에서 더 머무르지 못하고 춘천 가까운 화천으로 먼저 자리를 옮기며 탄광촌에서 다사다난했던 생활이 마무리되었다.

탄광촌에는 물도 까만색으로 칠한다는 말이 있다. 정말 다리 아래 흐르는 하천의 물색은 검은빛이 많다. 탄가루가 날려 널어놓은 빨래에도 검게 묻어 있다. 그곳 모든 생활이 탄광촌은 어둡다. 석유와 가스의 사용으로 석탄 광산이 문을 닫으며 광부가 떠나거나 일자리를 잃어 학생들의 가정형편도 어렵고 힘들었다. 한때는 탄광촌에 돈이 몰려 번성한 적도 있었다고 했다. 70년대 "개도 돈을 물고 다닌다."라는 말과 거리의 술집이 꽉 차도록 많아 흥청거렸다는 시절이 있었다고 한다. 석탄이 다른 가스나 석유로 대체되면서 탄광촌은 문을 닫아 사람이 떠나고 경제가 무너지고 도시가 변하고 인구가 적어지면서 환경에 타격이 컸다.

교사들은 탄광촌의 어려운 생활이 불편함에도 학생들을 위해 노력을 많이 투자했다. 저녁 10시까지 야간자율학습과 보충수업까지 하던 시기였다. 학생들의 학력을 위한 최선의 방안이었다. 대도시에는 학원 있지만 탄광촌에는 학원이 없어 그 몫을 학교에서 오롯이 담당해야 했다. 누구를 위해 밤에 쉬지 못하고 학생들을 몰아치며 가르쳤던 그 제자들은 잘 되었겠지?

교육 현장에 변화가 많았다. 교육 혁신, 수요자 중심 교육, 학생들의 인권, 많은 이슈가 일어났다. 토요일에 주 5일제로 수업이 없는 쉬는 날이 생겨 최고의 황금시대 맛을 처음 느꼈다. 여교사는 일직 남교사는 저녁에 숙직하는 시기도 있었는데 '무인 경비 시스템'이 생겨 사라졌다. 교원 업무 시스템이 생겨 전문화되었다. 교사들의 처우개선은 교육 혁신 시대를 맞아 많은 변화가 빠르게 일어났다.

탄광촌에서 부장 교사로서 베테랑 시절이었다. 동료들과 태백산도 오르며 탄광촌에 눈이 내린 설국 풍경은 마음에 고스란히 남아있다. 다시 찾아가 보고 싶어 올해 계획을 세웠다. 태백산 '눈꽃 축제'에 가보려고 한다.

춘천중 교정에 피어나는 목련꽃

1. 첫 번째 춘천중에서

춘천중 교정에는 교화인 흰 목련꽃이 핀다. 목련은 나무에 핀 연꽃이라 생각한다는 시인도 있다. 그렇게 목련꽃 봉우리들은 햇빛을 받으면 꽃잎 속에 흰 등불을 감추고 있는 듯 보여 올려다보게 된다. 벽지학교에서 이제 나가고 싶은 마음은 스물다섯 살 청춘에 도시의 그리움이 밀려왔다. 그리고 꿈을 갖고 대학원에 진학하고 싶었다. 신규 3년 경력으로 춘천에 인사 내신서를 제출했다. 원하는 대로 역사 깊은 춘천중학교로 1982년 전근되었다. 그 시절 3년 만에 신규 교사가 춘천으로 오기가 쉽지는 않았지만, 행운이 찾아 주었다. 경력이 부족한 상태로 남자 중학교에 여교사 근무는 조금 벅찼다. 역사와 전통을 자랑하는 학교였기 때문에 걱정이 되었다.

1971년 전국적으로 무시험 제도가 도입되어 입학시험은 사라졌다. 입시로 선발하던 춘천중은 인재들만이 지원했었다. 춘천중에 입학하면 역사와 전통으로 학교에 대한 자부심이 있었다. 그런 배경은 교감 선생님보다 선배 부장 교사들의 위엄은 신출내기 교사에겐 버거워서 많이 위축되었다. 교무실 책상 자리는 출입문 가까이 늘 끝자리여서 겨울엔 춥기도 했다.

우수한 학생들로 의사, 교수, 정치에 나선 졸업생이 많이 있어 만나면 자부심이 느껴졌다. 정이 넘치는 에피소드는 없지만, 성공한 제자들을 가르치는 보람에 뿌듯함이 있었다. 이곳에서 새로운 것을 많이 접하게 되었다. 시험문제에 원안지를 출제할 때 철판을 긁지 않아도 되었다. 방송 수업이 생겨 마이크를 잡고 아나운서처럼 수업을 하기도 했었다. 자율학습시간은 세계화에 맞추어 영어 교과가 중요시되던 시기라 교실에 카세트를 들고 영어 듣기평가 시험을 복습시키며 영어 교사가 아닌지 헷갈리기도 했었다.

처음 보는 신기한 '복사기'가 들어왔다. 종이 위에 볼펜으로 글씨를 쓰면 수십 장이 복사되어 시험지가 완성되었다. 너무 획기적이라 복사되는 것이 신기하고 편해서 시험지와 학습지를 많이 만들어 사용했었다. 지금처럼 흰 A4용지가 아니라 시험지는 누런빛의 갱지였다. 지금은 갱지가 사라져 찾아보기 어렵다. 그뿐인가? 생활기록부 작성도 '업무시스템 나이스'가 들어오기 전에는 교사가 직접 만년필이나 펜으로 학생의 개인 생활기록부를 일일이 써가며 작성했었다. 그런데 컴퓨터 키보드로 치기만 하면 되고 글씨를 쓰지 않아 편했다. 교육의 혁신으로 방학 중 연수 참가하기 위해 쉬지도 못하는 어려움이 따라왔다.

업무를 처리하기 위해서는 기안을 작성해서 담당-부장-교감-교장의 결재 순서가 있다. 이 결재를 받기 위해 교장실에 가서 보고 하고 처리하는 과정이 번거롭고 불편했다. 이 불편함은 전자 결재 시스템 도입으로 해결되었다. 문서를 올리면 결재 순서로 자동 이동하니 너무나 편했다. 세상은 생각지도 못한 것들이 새로이 변화되어 교육환경도 많이 편리해졌다.

  사무적인 시간에 뺏기기보다 교사는 수업이라는 업무가 훨씬 중요하다고 생각했다. 또 교사의 일직과 숙직은 '세콤 무인 경비 시스템'으로 바뀌었다. IT 정보화와 문물의 발달과 혁신의 변화가 교육의 발전에 속도감 있게 기여했다.

  세월이 변하고 발전하여 업무가 편해진 대신 '평준화'라는 시기와 교육의 새바람은 '민주화' '자율화'라는 의미로 학생들의 정서가 완전히 변했다. 교사에게 체벌을 제재하고 학생들에게는 자율적 규제를 주면서 생활지도가 힘든 교육환경으로 변했다. 교복이 자율화되었고, 머리도 기르는 자율화 바람이 불어 학생들의 자유로운 선택이 넘쳤다. 청소년 질풍노도의 시기의 학생들을 지도하려는 교사에게 교권이 바닥에 떨어지는 시기가 80년대 교육 현실이었다. 입시도 없어져 학생들의 기초학력도 약화 되었다. 그 시대 교육부 수장은 한 가지만 잘하면 된다는 주장에 현장에서는 한 가지를 위해 다른 것은 무시하고 포기해 버리는 사태가 벌어졌다. 교실에 민주화 바람은 학생들을 위해 만들어진 좋은 취지가 자율화가 아니라 자유화가 되어 교실이 소란스러웠다. 게임에 중독되는 학생들이 늘어났다. 민주화와 자율화의 열린 교육에 밀려 교실은 매우 혼란스러웠다.

  자유화로 들뜨던 시기에도 제자들과 잊지못할 추억은 있었다.

학생들과 즐기는 체육대회 때 반 줄다리기를 신나게 응원하며 뛰다가 그만 벽에 부딪혀서 이마가 찢어져 병원에 가서 이마를 꿰매는 기억은 웃지 못할 영광스러운 상처로 남아있다. 그 시절 소풍날이나 체육대회를 하면 아이들처럼 신나서 잠을 설치고 설레기도 했다. 젊은 뜨거운 열정을 갖고 살았던 교사 시절이다. 활동적이고 적극적인 성격상 담임을 맡으면 욕심이 많았다. 환경미화 심사라든지 합창대회, 체육대회를 하면 목숨 걸고 연습시키고 독한 훈련을 강요하며 1등을 놓치지 않았다. 더불어 기말 시험성적에서 반평균 1등을 위해 저녁이면 남겨 놓고 자율수업을 지도 하기도 했다. 그 시절 교사가 무리한 강요를 해도 별 불만 없이 따라 주었다는 고마움이 많이 남아있다. 아마 지금 같으면 학부모들의 불만 민원, 학생들의 불만 신고로 교단을 떠났을지도 모른다. 이제 그 남학생들은 성공해서 사회 어느 곳에서 한몫하고 있을 것이다.

춘천중학교에서 내 인생의 중대한 역사가 이루어졌다. 결혼도 하게 되었고 아들이 태어났으며, 인생의 중요한 터닝포인트가 이루어진 인연 깊은 학교이다.

더운 여름 교실에 들어가면 유난히 입덧이 심해 남학생의 땀 냄새가 느껴져 메스꺼워 화장실로 달려 나갔다. 그리고 들어오면 남학생 한 명이 교단에 의자를 갖다 놓아주어 놀라기도 했었다. 나름 사내의 마음에서 나오는 배려였을 것이다. 배가 불러 힘든 여선생님에게 철없이 까불던 남학생의 작은 배려에 감동하며 고맙던 기억이었다. 그 교정에 흐드러지게 만개한 목련꽃이 피면 그늘에서 사진을 찍었던 사진 한 장을 보며 웃음이 난다. 목련꽃 그늘 밑에서 남학생들의 웃음소리가 추억으로 들려오는 것 같다.

2. 두 번째 춘천중에서

질긴 운명의 끈이 있는 학교이다. 1982년 근무를 했었고, 다시 2011년 근무를 했으니 긴 인연의 끈이 겹으로 이어져 있었다. 다시 온 학교 건물도 그 자리에 있어 달라진 것이 없는데, 하지만 학생들은 180도, 너무 달라져 있었다. 예전의 전통과 명성이 사라져서 여러 가지로 힘이 들었다. 전근되어 2학년 담임을 맡았다. 요즘 유머에 "북한에서 중2가 무서워 못 내려온다." "중2병"이란 말도 있다. 이 시기는 시한폭탄처럼 위험해서 조심스럽게 지도해야 한다. 소리 질러서도 안 되고 꾸지람해도 안 되고 참고 인내하며 지도해야 했다.

우리 반 학생은 정말 조용한 날 없이 사고를 치는 바람에 힘들었다. 최대 위기의 강적들을 만난 것이다. 이 시절 화가 나서 내가 할 수 있는 최대 욕이 "개센치"다. 욕을 차마 쓰면 안 돼 썼던 유머다. 이 유머에 학생들은 즐겁게 웃기도 따라서 하기도 했었다. 이런 상황에서 상담실을 만들어 상담부장을 맡았다. Wee 클래스를 만들고 부적응 학생들을 위해 방과 후나 방학 중에 "미술 심리치료"를 시작했다. 담임 선생님들로부터 각 반에서 지도가 필요한 학생들을 추천받아 미술 심리치료 수업을 시작했다. 잘 따라 주지 않고 참석도 많이 하지 않았다. 학생들에게 많은 혜택을 주며 이끌어갔다. 참석하면 봉사 시간과 간식도 제공하고 과제도 면제해 주었다. 그렇게 시작한 미술치료 수업은 부적응 학생들에게 많은 도움이 되었다. 수업을 진행하며 그들의 부적응 문제가 무엇인지를 알게 해 상담도 하고 도움을 찾아서 해결해 주었다. 3년 운영하며 '미술 심리치료 수업'의 좋은 결과로 전국 '사도 대상' 수상을 받게 되는 영광도 있었다.

잊지 못하는 학생 중에는 늘 따돌림을 당해 쉬는 시간이면 내 옆자리에 앉아서 일을 돕게 했던 학생이 있다. 그는 무사히 중학교를 마치고 실업계고에 입학하였다. 또 매일 결석을 해서 수업일수가 모자란 학생을 교실에 들어가지 않는 조건으로 학교에 나오게 했다. 교무실 내 옆자리에서 엎드려 잠만 자다가 하교하며 수업 일수를 채워 졸업했다. 학교에서 수시로 자해하는 학생을 한림대 정신건강과에 데리고 가서 진료를 받게 하기도 했다. 가정 폭력으로 어려운 학생을 부모 상담으로 돕기도 했다. 교사로서 부적응 학생들을 위한 책임을 느끼며 미술심리치료를 시작했었다.

교육의 현실이 걱정되는 고민이 많은 시기였다. 3년 차에는 교무부장을 맡아서 교무실에서 책임을 지고 운영하는 부장 자리였다. 부족하지만 주위 도움을 받으며 2년을 했다. 특히 신교감 선생님의 배려와 격려가 없었으면 힘이 들었을 것이다. 신교감님의 멋지고 여유있으신 성품을 존경하면서 함께 했던 여부장님들과 가끔 만나고 있다.

강직한 교사로 내 주장과 욕심으로 밀어붙이는 고집스러운 교사였다. 좀 더 배려하지 못하고 강압적으로 밀었던 제자들을 만나면 미안함이 크다. 매우 부족했고, 좀 더 부드럽고 너그러웠다면, 뒤늦게 후회도 해 본다. 사회 곳곳에서 제 몫을 다하는 제자들을 만나면 고맙다. 더구나 예전 춘천중에 근무하며 낳았던 아들은 또다시 춘천중에 왔을 때 결혼했다. 인생 고비마다 역사와 끝없는 인연들이 숨어 있는 학교로 기억된다.

교정에 봄이 되면 학생들의 꿈처럼 목련꽃이 활짝 핀다. 목련꽃

2014. 춘천중 교정 목련꽃 아래서

그늘에서 사월의 노래 구름 꽃 피는 언덕에서 학생들의 빛나는 꿈의 계절에 성장해서 잘 살고 있겠지. 교정의 목련꽃은 하늘 위로 활짝 열려 추억 속에서 그리움으로 찾아온다. 내 미소도 목련꽃처럼 하얗게 피어난다.

DMZ 펀치볼 해안중 '벽화 작품' 프로젝트

　강원도 최전방 DMZ 해안중으로 전근되었다. 여기까지 30년이란 세월이 흘러 인생 반이 교단에서 보람과 긍지로 채워갔다. 이제 아들과 딸도 내 품을 떠나 서울에 있는 대학을 가 이제 바쁘게 이리저리 뛰는 아등바등 삶을 좀 쉴 수 있는 휴식의 시간을 기대했었다. 그러나, 삶이 계획대로 되는 것이 아니고, 늘 변수가 찾아온다. 건강 검사에서 암이 발견되었다. 치료를 위해 병가와 휴직을 하며 지난 한 학기 보냈다. 그리고 다시 복직하며 시골 공기 좋은 한적한 곳으로 옮겨 살고 싶은 생각에 해안중학교로 옮겼다.

　공기 좋고 업무와 수업시간도 적은 해안중학교로 전근이 되었다. 강원도에서 양구 펀치볼에 있는 전교생 100명이 안 되는 벽지학교이다. 원하는 곳에 발령이 나서 건강을 챙기기 위한 나름 계획에 이삿짐을 간단하게 차에 싣고 해안으로 가는 길이 너무 멀었다. 정말 산 넘고 또 산 넘어 북쪽 끝으로 향하는 길이 다닐 수 있을까? 하는 걱정이 들었다. 다행스럽게 관사가 있어 살기에 편했다.

강원도 학교 중에서 거리가 제일 멀고 군 분계선 휴전선 DMZ 안에 있는 오지 학교이다. 해안이란 지명은 뱀이 너무 많아 뱀의 천적인 돼지를 풀어놓았다. 해서 '돼지(亥)해' 자와 '편안할 안(安)자'를 이름으로 사용하게 되었다고 한다. 휴전선과 거리가 가까운 군사 지역이다.

  한 학기 휴직 후에 복직하여 이곳에 건강을 위해 찾아왔으니 힘든 일들을 내려놓고 회복에 집중했다. 아들과 딸도 서울로 가서 춘천에는 남편만 혼자 외롭게 지내야 했다. 여러 가지 혼자 지내는 적응력이 부족해서 걱정되었지만, 주말에 모든 것을 준비 해놓고 찾아 먹는 정도이니 잘하리라 맡겼다. 지금은 무심한 듯 스트레스 받지 않으려 간섭하지 않고 서로 한눈만으로 묵인하며 산다. 이게 편하다는 것은 중년이 넘어서야 터득한 지혜다. 아들은 대학을 졸업하고 서울대 박사과정에 들어가게 되어 무척 기뻤다. 내 건강 이외는 다른 걱정의 문제는 없어 감사했다. 하느님이 내 건강에 약함을 주셨지만, 다른 축복의 통로로 선물을 주셨음에 감사의 기도를 했다. 계속 추적치료와 마음을 돌보며 회복되었다. 이 과정의 삶이 해안중에서 3년의 생활이었다.

  해안중까지 가는 거리가 멀어 힘들었지만, 건강에 무리가 되지 않도록 조심스럽게 보냈다. 아프고 난 후 삶에서 고생이 조금이나마 보상받는다는 안도감으로 근무했던 학교이다. 너무 적은 학생들과 직원들은 가족 같은 분위기의 학교였다. 양구는 국토의 정중앙 '배꼽'의 위치에 해당이 된다. 그리고 '박수근 화가'의 고향이며 '박수근 미술관'도 있다. 박수근 프로젝트들의 문화 행사가 많이 열렸다.

그 프로젝트의 하나로 학교에 '박수근 작품 벽화'를 만드는 작업을 진행했다. 양구군의 지원을 받아 두고두고 역사에 남을 박수근 벽화를 전교생과 함께 만들기로 계획을 세웠다. 벽화는 입체적인 표현으로 평면에 입체적으로 구성하는 기초적인 흙 부조 작업은 매우 힘들다. 한 학기 긴 시간을 내어서 학생들과 하는 벽화 작업이 쉽지 않았다. 벽화로 만들 테라코타 흙을 구매하여 판을 만드는 기간만도 한 달 넘게 걸렸다. 그다음 흙판 위에 그림을 스케치하고 입체로 만드는 과정은 전문가 도움이 필요했다. 주제를 박수근 그림 작품 중에서 제목을 '농악'으로 결정했다. 입체적 표현을 위해 흙을 부조하는 시간은 전교생이 함께 협동 작업을 했다. 완성 기간이 길었다. 흙으로 만들고 말리며 구워야 하는 작업은 오래 걸렸다. 벽화 작품을 전교생과 함께 1인 1칸을 맡아 만들고 붙여서 학교 전경 전면에 벽화 작품을 완성했다. 학교 역사와 참여한 학생들에겐 영원히 학교에 찾아오면 볼 수 있는 기념적인 프로젝트였다.

2010. 해안중 벽화 농악 작품 제작 과정

벽화를 전교생이 흙으로 된 원판을 한 조각 한 조각 부분을 나누어 함께 6개월여 만들고 색을 칠하고 테라코타로 구워서 다시 학교 정면 벽에 벽화로 완성되기까지 1년이 걸린 협동 작품이었다. 그 시절 졸업생들도 자신들이 빚어낸 벽화 작품을 언제든 찾아와서 보면 추억이 되리라 생각한다. 나도 10년이 흘렀지만, 그곳에 전교생이 함께 만든 벽화 작품을 다시 찾아가 보고 싶다. 영원히 해안중학교 교정의 박수근 '농악' 벽화 작품은 빛나며 존재할 것이다. 벽화는 학교에 오래도록 역사에 남아 추억할 학생들의 뿌듯한 자랑거리가 되리라고 믿는다.

힘들게 운전하던 구불구불한 고갯길도 2년 후에는 터널이 다섯 개가 뚫렸다. 무척 거리가 가까워졌고 도로도 넓어져 다니기 편해질 무렵 해안중을 떠났다. 한국전쟁 당시 이곳에 주둔한 미국 종군기자가 지형이 펀치를 담는 그릇 모양 같아서 유래되었다.

2010. 해안중 벽화 농악 작품 앞에서

대암산에서 내려다보면 정말 그릇 모양처럼 보인다. 3년이 만기인 학교로 더 머물 수도 없었다.

  월요일 아침 일찍 출근하기 위해 아침 새벽이면 배후령을 넘어 안개와 용화산 자락의 숲들이 펼쳐진 멋진 길을 차를 몰고 즐겼었다. 봄 푸른 생명이 살아나는 초록의 세계가 펼쳐지면 새벽 아침 출근길은 천국이었다. 차에서 소리새의 '그대 그리고 나' 음악을 들으며 옆에서 스치는 산봉우리와 숲들이 펼치는 싱그러움은 감성의 충만함에 행복감이 느껴졌다. 세상에 속한 속박과 근심들이 다 사라지는 마음으로 운전하며 새벽 출근길을 달렸다. 산들의 수목들이 만들어낸 초록 양탄자는 내가 요술램프를 만들어 날아다니고 싶은 충동에 사로잡혔다. 소양강 물줄기 끝 물안개는 내 노래가 되어 나왔다. 그곳의 추억이 아련한 해안 펀치볼 풍경이 그립다.

교단 40년 마지막 수업

 퇴임을 앞두고 근무한 학교는 춘천여중이다. 춘천에서 여자중학교로 가장 역사가 깊다. 이제 40년 교단을 돌아 마지막 학교이기도 하다. 79년 첫 교사 시작으로 12개 학교를 거쳐 2019년 2월에 퇴임했다. 인생 육십 년의 삶이 1/3으로 거의 차지한 교단의 길을 돌아보면 행복이었고 보람도 있었다.

 이제 춘천여중이란 이름은 역사에 묻어두고 2019년 3월부터 봄 내중으로 교명이 바뀌어 남녀공학으로 전환된다. 교육 개혁과 사회 변화에 맞물려 남녀공학으로 바뀌는 추세였다. 단성 교육이 아닌 혼성교육으로 변화되고 있다. 2000년대 초반부터 성평등적 가치와 이성에 대해 더 잘 알 수 있다는 점에서 빠르게 도입이 되고 추진되었다. 초중등 교육을 받는 시기가 인간의 가치관을 함양하는 중요한 시기로 동성끼리 있을 때 생길 수 있는 성 편견과 성평등을 더 잘 이해하는 측면을 고려한 것이다. 남녀공학에서는 내신 성적에서 여학생이 다소 유리한 편이라 남학생 부모들은 남녀

공학을 반대한다. "남녀공학은 남학생에게 불리하다."라는 의견이 많다. 그러나 멀리 내다보면 다양한 사회 경험과 성평등 의식을 기를 수 있다는 장점이 있다. 이런 사회적 분위기로 남녀공학이 추진되었다. 그리고 춘천여중도 공학으로 바뀌어 2019년 봄내중으로 교명이 바뀌었다.

전근이 되어 교장 선생님의 부탁으로 교무부장을 1년 맡았다. 강성투쟁 교사의 선동적인 분위기에 지쳐 부장의 업무가 힘들기도 했다. 나보다 퇴임을 앞둔 교장 선생님이 힘들어하셔서 죄송했었다. 교무부장을 그만두고 대신 학교 축제 업무부장을 맡아 행사를 진행했다. 마지막 학교에서 교단의 유종의 미를 후회 없이 마무리하려고 노력했다.

체구가 작으시지만 세심하시고 세련되고 단아한 멋진 스타일의 연 교장님은 퇴임하셨고, 신임 김 교장님이 부임하셨다. 그러나 일 년이 지난 어느 날 진료받으러 가셨다가 암이 발견되었다. 다시 회복하시리라 기대했지만, 끝내 학교로 오시지 못하고 안타깝게 영면하셨다. 교장님의 장례식장이 너무도 쓸쓸했다. 싱글이시기도 했다. 자식도, 남편도, 부모님도 안 계시니 그 상주 자리가 모두 비어 있어 슬프고 안타까웠다. 교장님 생각으로 며칠 밤잠이 오지 않았다. 화장장까지의 순서를 마지막으로 장지는 도저히 갈 수 없었다. 내 마음에 더 깊이 슬픔이 남아 감당하기 어려워 거기까지 참석하지 못했다.

삶으로 인연이 되어 만나면서 끝이 죽음으로 이어지면 더욱 괴롭고 잊히지 않는다. 내 카톡 사진 중에 아직 함께 찍은 웃는 모습의 김 교장님이 있다. 가끔 짧은 그녀의 인생이 아까운 마음에 저리고 아린다. 이곳이 마지막 학교이며 교단에 서는 마지막 인연의 자리다.

 '이어령 교수의 마지막 수업' 책을 두 번이나 읽어 보았다. 똑같은 책을 두 번 읽어 본다는 건 쉽지 않다. 이어령 교수의 마지막 인터뷰 이야기의 끝이 죽음으로 마무리되는 과정이 숙연한 마음이 전해졌기 때문에 두 번을 읽었다. 우리는 살면서 '마지막' 아니 '거기까지'라는 선이 그어지면 아쉽고 슬픈 감정이 실린다.
 교단에서 가르치는 일도 마지막 앞에서 뒤돌아보면 파노라마처럼 필름들이 돌아가며 피사체들이 살아난다. 가르치는 학생들을 열정으로 사랑했고, 좋은 교사 동지들을 만났고, 좋은 시기에 마무리하며 여기까지 무사하게 온 것임을 모두가 감사함뿐이다.

 "마지막 수업"이라는 의미가 가벼워지는 의미는 무엇일까? 학년 말 마지막 수업은 시기적으로 12월은 학기 말 성적 처리가 마무리되어 입시가 끝나면 수업은 이미 학생들에게는 휴식 시간으로 바뀐다. 수업을 듣지 않으려고 몸부림치는 "학생들이 원하는 즐거운 시간"으로 만들어 주어야 한다는 위로로 달래어 가며 수업을 이끈다. 그 시간에 학생들을 위해 무리하지 않고 조금 쉬며 즐겁게 보라고 영상 수업을 한다. 화가들의 작품 영상을 보여주는 명화 감상 수업을 했다. 마지막 수업은 "천경자 화가의 일생" 영상이었다. 대학시절 천경자 전시회를 찾아다닐 정도로 존경하던 작가이다. 여학생들이라 우리나라 여류 화가에 대해 좀 더 깊이 알아 주기를 바라는 마음의 마지막 수업이었다. 한국 화단의 여류 화가로 작품과 살아온 이야기를 들려주었다. 서양화가 '고흐'는 다 알아도 우리나라 화가에 대해서는 많이 알지 못해 아쉽다. 학생들은 그 의미를 마음으로 기억이나 할까? 라는 의문도 있다. 하루 4시간 교실에 수업을 들어간다. 수업이 교사의 생명일 것이다. 40년 교단에서 열정으로 보낸 시간은 누구를 위한 시간이었을까를 반문해 본다. 마지막 수업, 마지막 교단의 길이 끝이 났다.

학교에서 교사들이 제일 바쁘고 학생들이 제일 쉬기를 원하는 달이 2월이다. 정든 교사들이 떠나고 학생들이 졸업하는 2월이 되면 난 나그네 같은 마음이 느껴져 허전하고 싫었다. 나의 교단 일기도 끝이 난다. 40년 한길을 달려온 마지막 학교이다. 잘 이기고 행복한 일이 많았던 교단의 일기로 마무리되어 자랑스럽고 감사했다.

나는 퇴임사를 썼다. 잘 마무리한 보답으로 홍조 근정훈장을 받았다. 성공한 인생이야!!!

교단의 마지막 수업이 마무리 되었다. "내 안에서 외치는 삶의 목소리"는 더욱 진지하고 더 깊게 마음을 건드려 준다. 교단을 떠나며 나의 뒷모습에서 "제자들이 꽃처럼 아름답게 피고 자라도록 묵묵히 밑거름이 되어주는 흙이 되어주고 싶은 꿈을 꾼다."

난 성공한 인생이야!

  청춘이 시작되는 스물세 살 열정으로 교사 생활을 시작했다. 그때는 장작으로 불을 지펴서 난방하고, 요즘은 사라져 볼 수도 없는 석유풍로에 밥을 지었다. 지금과는 상상할 수 없는 열악한 환경이었지만 수업이 끝나면 냇가에서 물고기를 잡아 매운탕을 끓여 학생들과 함께 먹었다. 방과 후에는 아이들을 더 공부시키려고 교실에는 늦도록 불이 꺼지지 않았다. 벽지라 학원이 없어 학생들은 학교에 밤늦도록 열정적으로 공부를 가르쳤다. 춘천에 있는 인문계 명문 고등학교로 진학시키려고 밤늦도록 남아서 수업을 했다.

  요즘에는 시간 외 수당이 있어 보상을 받았겠지만, 그 시절 교사들은 오로지 무보수 헌신이었다. 그래도 보람이 있었다. 학부모들은 감자, 고구마, 옥수수를 보답으로 가져다주셨다. 그것들을 최고의 선물로 감사하게 나누어 먹었다. 지금은 '김영란법'에 저촉되어 금지된 것들이다. 그 시절 가슴에 스몄던 따뜻한 정서가 사라진 현실이 아쉽다. 교육의 패러다임 변화가 생각과 현실의 괴리를 가져다 주었으며 변화된 교육 현장에 맞추고 따라가느라 힘들 때가 많았다.

나이가 정년이지 마음 까지 정년은 아니다.

교단의 길에 아직도 열정이 남았지만 어느새 4개월 후엔 교단을 떠나 퇴임을 한다. 홀가분하면서도 조금은 아쉬운 기분이 드는 건 세월의 흐름에서 어쩔 수 없나 보다.

첫 부임지에서 저녁 막차를 타고 개울을 지나가려면 개울가 달빛에 하얗게 누워있는 싸리꽃과 마치 하얀 화관처럼 타래에 얽히듯 하얀 꽃망울들은 내 마음을 어찌나 흔들어 놓았었다. 그 싸리꽃 향기는 아직도 눈감으면 선하게 떠올라 잊혀지지 않는다. 그 후, 싸리꽃은 내가 제일 좋아하는 꽃이 되었다. 4월에 싸리꽃이 피면 꽃을 찾아 떠난다. 그 추억을 잊을 수 없어서……

교단에서 가르치는 일을 하다가 정년을 맞아 교단을 떠나는 내 삶의 여정을 나는 성공한 인생이라고 자부한다. 교육 현장에서 제자들을 가르치며 칭찬과 격려를 아끼지 않았다. 나보다 더 쉬운 길로 꿈을 찾아가도록 축복해주고 믿어주는 교사들의 삶이야말로 성공한 인생으로 존경받는 것이 아닐까 생각해 본다.

요즘은 다양한 모습으로 인생을 살아가면서 성공한 삶의 모델과 멘토를 만나는 게 쉽지 않다. 요즘 사회는 지식인 중 닮고 싶은 모델과 멘토가 변화되고 있다. 청소년들의 꿈은 지식인이 아니라 돈을 많이 버는 연예인이나 유튜버가 되고 싶어 한다.

방송에서 정치인들의 청문회를 보면 법망을 피한 자산과 자녀들의 병역 문제, 부정 입학, 학위 논문표절 등 정말 눈살 찌푸리게 하는 사실이 허다하다. 시시비비가 시끄러운 싸움을 보여주는 곳이 청문회이고 오늘날 정치인과 지식인들의 모습에 자라나는 청소년들에겐 미안하고 부끄러운 현실이다. 대체 누구를 본받으며 자라나야 하는지 의문이다!

　성공이란 단어를 사전에 찾아보면 "자기가 원하는 목적을 이루는 것"이라 표기되었듯이 가르치는 일로 청춘을 바치다 교단을 떠나는 것이야말로 성공한 인생이라고 생각된다. 옛날에는 선생님의 그림자도 밟지 않았을 정도로 제자로부터 존경받았지만 요즘 사회는 자기만 잘 되면 성공이라고 생각하는 시대이다.

　돈이 최고로 통하는 현실이다. 하지만 남이야 어떻든 나만 잘되면 그만이라는 이기적인 생각이 정치나 사업이나 기업에는 적용되는 규정이지만 교단에서 가르치는 교사에게는 나보다 제자가 더 잘 되기를 진정 원하는 것이 교사의 진심 어린 마음이다.

　교육 현장에서 가르치는 것보다 한 학생의 인생을 길러주는 삶의 모델이 되어야 하고 교사의 칭찬이 그 학생 인생의 목표가 되는 것이므로 많은 갈등과 어려움은 교사의 사명으로 생각하며 살아간다.

　지난 〈TV 동화- 행복한 세상〉에 방송된 '주전자에 넘친 사랑'의 양동기 선생님의 이야기처럼 "자네들에게 내가 뭘 특별히 해주었는가? 그 어려운 시절 공부하느라고 애쓴 것은 자네들이었지. 그 추운 교실에서 차가운 밥을 먹는 것이 안타까운데, 학교에서는 난로를 피워줄 형편도 아니고 너무 안쓰러워서 따뜻한 물 한 주전자를 가져다주었을 뿐인데…."

　교사란 이런 따뜻한 사랑과 가슴으로 제자를 사랑하는 것이 아닐까 한다. 지금은 교권이 추락하여 안타깝지만 진정한 교육은 오직 사랑과 봉사로써만 얻어질 수 있다. 그들을 성장시키기 위한 지식은 어떤 틀이나 두려움에 얽매이지 않고 자유롭게 생각하며 무엇이 진실인지 스스로 알아가게 하는 능력을 길러주는 것이 교사의 길이라 생각하며 교단을 지켜왔다. 요즘 교실에는 에어컨과 온풍기가 있어 춥거나 더운 줄 모르고 생활하고 있지만, 그 옛날 교실의 열악함은 이루 말할 수 없었다. 형편이 어려웠던 시대에는 어쩔 수 없었던 교실 환경이다. 학생들을 위해 석면을 없애고, 공기청정기가 교실로 들어오는, 학생 인권을 위해 현장에서 노력하는 교사들을 보며 퇴임을 하게 되어 다행스럽다.

아 좋은 시절, 좋은 학부모들, 좋은 교사 동지들, 착한 학생들로 좋을 때 미련 없이 떠나며 감사했다는 생각으로 마지막 교단을 정리해 본다.

변해버린 교육 현장에 적응하느라 얼마나 스트레스가 컸는지, 새로운 지식에 목말라 자신의 끊임없는 배움의 연마를 게을리하지 않으려고 연수와 전문 워크숍을 찾아 다녔다. 인내와 참을성 없이 덤비는 S세대 N세대 P세대의 다양한 흐름의 학생들과 함께 호흡하느라 정작 자신을 위해서는 건강을 돌볼 여유도 없이 시간을 아끼지 않았구나, 하는 자부심에 가슴 뿌듯하고 자랑스럽다. 이 또한 교사의 삶인 듯하다. 교육계의 새로운 이슈들이 우리 가슴을 아프게 하고 빨리 떠나오도록 종용할 때에도 묵묵히 참고 기다리기도 했다.

돌아보면 현장에서 마음 아픈 기억도 생각난다. 동산중학교에 근무할 때 정말 똑똑한 남학생이 홍천강에서 익사 사고로 먼저 하늘로 떠났다. 안타까운 여름밤은 한동안 가슴 먹먹한 채로 잊히지 않았다. 그뿐인가 옆자리에 함께 근무했던 이 선생님이 교통사고로 하룻밤 만에 고인이 되셨던 기억도 있다. 최근 여름방학에 함께 했던 교장 선생님이 암으로 병마와 싸우시다 고인이 되셨다. 화장장에서 너무 허무하고 쏟아지는 눈물로 도저히 장지에 갈 수 없었던 기억도 있다. 허무하고 쓸쓸함에 며칠 동안 밤잠을 이루지 못했다.

  춘천중에서 담임을 할 때 친구들의 따돌림으로 교실에 있지 않고 쉬는 시간이면 교무실 내 옆자리에서 일 년 동안 나를 도와주던 그 학생. 지금은 전문계고로 진학해 졸업반이다. 가끔 오는 그 아이 문자가 반갑고 안심이 된다.
  또 상담부장 시절 학교에 나오지 않고 거의 결석을 하던 학생의 졸업을 위해 걱정되어 매일 전화하면서 졸업을 시켰던 그 학생은 고등학교에 가서 가끔 카톡으로 주고받았다. 어느 날 자해 시도로 입원해 있다는 소식을 듣고 폐쇄병동으로 달려가 만났던 그 일도 생각난다. 학교에서 가르치며 공부를 잘하고 촉망받던 학생들보다는 교사는 때론 걱정스러운 그 학생들이 많이 그립고 생각난다.

  학교에서 힘센 친구들에게 기에 눌리고 따돌림으로 교실 한쪽에 밀려나 존재감을 잃어 자존감을 상실한 아이들을 위해 미술심리치료 프로그램으로 접근하여 시도했다. 쉽게 털어놓지 못하지만 미술심리치료 프로그램은 그림을 그리면서 조금이나마 고민과 괴로움을 표현하는 것 때문에 3년여 꾸준하게 미술 심리치료 프로그램으로 학교폭력 예방을 할 수 있었다. 학교에서 부적응적인 학생들을 불러 미술치료를 시도했지만 과정은 쉽지 않았다. 불러오면 도망가는 그들에게 맛있는 간식으로 달래가며 진행하여 어려움을 해결해 보려고 했지만 자존감이 낮고 꿈이 없는 그들은 적극적이지 않았다. 그래도 3년 동안 치료과정을 모은 기록들이 부끄럽게 사도대상(2014년)을 받기도 했다. 교사로서 보람도 있었다.

어려운 형편의 여학생이 액취증으로 겨드랑이 냄새가 심해 여름에는 시내버스를 타지 못했다. 이 사정을 알고 무작정 병원으로 가서 병원 원장님에게 사정을 말씀드렸다. 다행스럽게 허락해주셔서 무료로 수술을 받도록 도움을 주셨다. 그 고마움을 잊을 수 없다. 또 자전거를 타다 넘어져 이가 세 개가 빠져서 치료비가 많이 나왔는데 형편이 어렵다는 학부모의 사정을 듣고 내가 다니던 치과 원장님에게 부탁드려 치료를 받도록 해주었던 일도 있다. 아마 교사의 부탁이라 믿고 의사 선생님들이 조건없이 선하게 들어주신 듯해 감사드린다.

교사를 오래 하다 보니 엄마, 아빠를 가르쳤는데 그 아들과 딸을 2세대에 걸쳐 가르치는 뜻깊은 인연들도 있었다. 이렇듯 교사의 길이야말로 헌신을 통해 자신을 선물하는 것이며 가르침은 교사의 가장 큰 만족인 듯싶다.

오직 한길로만 40년 걸어온 내 삶의 여정에서 교단을 떠나며 성공한 인생에 감사하고 자부한다. 이제 떠나며 아쉽지만 제2막을 꿈꾸며 2년 동안 준비하고 있다. 과중한 수업과 업무 때문에 끝까지 학교에 남지 못하고 중도 탈락하여 떠난 그들을 위한 치료 상담센터를 열고 싶은 게 내 남은 퇴임 후 2막 삶의 꿈이다.

떠나며, 교단은 그립지만 다른 기회로 아이들을 만나고 싶어서 도전해보려고 한다.

난 성공한 인생이야!!

동재와의 만남

교사는 일년마다 새로운 학생과 만나고 헤어진다. 교실에는 다양한 학생들의 모습이 있다. 집에서와 다른 모습으로 학교생활을 하는 자식을 부모님도 미처 알지 못하는 경우도 있다. 교사는 8시간여 긴 시간 교실에서 하루를 함께하면 나름 학생들의 인성이 보인다. 교실에서 거의 소리 없이 조용한 학생도 있고, 많은 사고를 쳐서 잊혀 지지 않는 학생도 있고, 개성이 넘쳐 생각나는 학생도 있고, 얼굴이 잘생겨 유명하거나, 공부를 잘해 똑똑하거나 한 학생들이 특별히 기억난다. 그러나 교사는 일 년마다 새로운 학생을 운명처럼 만나고 헤어짐이 반복된다. 사십 년 가까이 학생들을 만났으니, 그 숫자는 엄청나다. 이렇게 만난다고 다 기억하는 것은 아니다. 대개는 담임이 끝나고 학년이 올라가거나 졸업하면 관계가 끝나는 것이 일상적 순서로 잊혀진다.

그중에도 유독 기억되는 학생도 있다. 춘천중에서 만난 동재는 졸업해서도 아끼고 지금껏 아들처럼 만난다. 내가 동재를 만난 것은 담임이 아닌, 수업 시간에 만나는 학생이었다. 동재와 인연은 창의적 체험 활동으로 적십자(RCY)동아리 단장을 맡으며 깊은 인연이 되었다. 적십자동아리 부서를 맡아 지도교사로 학생들의 봉사활동 참여와 캠프 지도를 했었다.

동아리 활동에서 동재는 단장을 맡았다. 학급에서 동재는 실장으로 모범생이었다. 성격이 조용하고 나서지 않고 뒤에서 잘 보살피는 책임감 있는 리더 역할을 잘하는 학생으로 눈에 들어왔다. 무엇을 맡기든지 먼저 제 일이 있더라도 교사의 지시를 먼저 해내는 보기 드문 성실한 학생이었다. 다른 학생들은 일을 주면 저 "학원 가야 돼요." "저 시간이 없어요." 아니면 "저한테 무엇을 주실 거예요" 라는 이기적인 싹수없는 소리를 많이 한다. 동재는 그런 모습을 한 번도 보이지 않았다. 마음속에서 동재 부모님은 어떤 분이길래 저 아이를 이렇게 바르게 키웠을까? 하는 자식 교육의 부러운 생각을 갖고 있었다.

그 후 동재 부모님이 학부모 회의에 한 번 참석하셨는데, 그때 잠깐 만나 뵈니 조용하시고 평범하신 분이셨다. 미술학원을 운영하시고 있는 원장님이셨다. 요즘 부모님은 자녀들에게 희생과 헌신은 가르치기 힘들며 자기 자식이 손해 보는 것을 싫어하신다. 대신 인성보다 성적을 올릴 수 있는 수단을 가리지 않는 경쟁에서 이기는 방법을 자세하게 가르친다.

세상도 변했고, 부모들 생각도 변했고, 학교도 변했고, 학생도 변했고, 교사들의 생각도 변하고 있다. 그런데도 가끔 다른 사람을 먼저 배려하는 학생들을 보면 귀하다는 생각이 든다. 동재는 내게 특별한 학생이었고, 그런 제자로 만날 수 있어 행복했다. 동재의 의견을 다 들어주고 그를 위해서 무엇이든 기회가 오면 다 만들어 주고 싶었다.

혹여 부모님들은 자기 자식이 학교에서 선생님들한테 존중받는 방법이 그 아이의 성적이 아니라 더불어 살아가는데 타인에게 먼저 배려하는 학생이라는 것을 알아주었으면 한다. 성적은 최고가 되는 기간은 짧고, 정해진 것이 아니라 유동적이다. 하지만 그 아이의 좋은 성품은 길고 오래도록 교사와 관계도 끝까지 인연으로 이어진다. 동재는 먼저 남을 생각하고, 힘든 것을 도와주고 어려움을 챙겨주는 학생이었다. 얼굴도 미남으로 잘 생겼다. 키는 크지 않았지만 수영을 잘하고 사이클로 통학해서 체력과 건강한 모습이 좋았다. 성적도 상위권이었다. 단점이 없는 듯 자식에게만 콩깍지가 쓰이는 게 아니라 제자에게도 콩깍지가 있는 듯했다.

미술에도 소질이 많았다. 아마 어머니께서 미술학원을 운영하고 계셔서 DNA를 물려받았다고 생각했다. 유네스코 미술대회에 참가하여 수상하면 일본에 가는 기회가 있어서 도와주어 일본에도 갈 수 있게 되었다. 적십자동아리 회장 자격으로 미국 적십자 리더 캠프로 유엔 '반기문 사무총장'을 만나보는 좋은 캠프가 있어 미국 캠프에 참가하도록 해주었다. 좋은 기회가 생기면 동재를 위해 무엇이든지 찾아 주고 싶은 마음이 있었다.

어느 날 나를 찾아온 모습에서 늘 밝아 보이던 얼굴에 근심이 보이고 말이 적어지고 힘없이 쳐져서 지쳐 보였다. 중2병 사춘기를 겪나보다 하는 가벼운 생각을 했었다. 그런데 나중에 그게 아니었다는 이유를 알았다. 어느 날 퇴근 후 집으로 다급한 목소리로 동재 엄마가 전화하셔 동재의 소재를 알고 있는지 물으셨다. 깜짝 놀라서 이유를 물어보니 동재가 집에 들어오지 않았다고 하셨다. 친한 친구들에게 다 찾아도 소식이 없어 마지막으로 걱정이 되셔서 내게 전화하신 것이다. 그러면서 그동안 어려웠던 가정 사정을 털어놓으셨다. 처음으로 나에게 어려운 말씀을 해주셔 많이 고마웠다. 아~ 동재가 그런 이유로 요즘 의기소침하게 우울했던 모습이 이해되었다. 전화를 받고 바로 걱정되어 동재에게 문자를 보내고 전화 오기를 기다렸다. 어머니와 친구들이 얼마 후 동재가 집에 왔다는 소식을 주셔서 안심했다. 어머니께서 "동재가 혼자 생각을 정리하려고 사이클을 타며 공원에 있었다."고 하셨다. 걱정을 했는데 돌아와서 다행스러웠다. 동재의 그 마음이 얼마나 힘이 들었을까? 하는 생각으로 나도 아주 가슴이 저미고 복잡했다.

그 후 동재는 중학교를 졸업 했다. 사대부속고등학교로 진학해서 소식을 듣기 어려워 멀어졌다. 가끔 전화로 학교생활을 잘하고 있는지를 물어보았다. 고등학교는 1학년이 중요한데, 대학 입시 준비를 잘하고 있는지 조언을 해주었다. 아직 대학의 과를 결정하지 못하고 있어서 안타까웠다. 졸업 후에도 매년 '스승의 날'에 꽃을 들고 나를 찾아 준다. 그 마음이 고마워 만나서 맛있는 것을 사주며 지냈다. 그런데 입시에 '한국 종합예술대학'에 지원했지만, 실패했다. 나도 속이 많이 상했다. 재수하는 동안 많이 위로하고 잘하리라고 믿었다. 새벽 예배에 자식처럼 동재의 합격을 위해 기도를 한다. 그리고 가끔 힘내라고 응원의 문자도 보낸다. 편지 속에 용돈도 넣어준다. 이렇게 졸업 후에도 만남이 이어져 무엇이든 해주고 싶은 제자로 남아 있다. 난 너를 만나서 "행복했어. 동재야." 내 마음 알지. 넌 잘될 거야? 걱정하지 마!

재수 후에 입시가 끝나고 동재의 합격 소식을 전화 받았다. 동재는 합격 소식을 첫 번째로 나에게 전화했다고 한다. 그 마음이 고맙다. 너무 좋아서 눈물이 났다. 그동안 수고했다고 축하를 해주었다. 그리고 한국 종합예술대학에 잘 다니고 있다. 연년생 여동생이 있어 1년을 마치고 해병대 지원으로 연평도에서 군복무를 마치고 제대를 했다. 휴가를 나오면 때마침 코로나가 심한 팬데믹이 겹쳐 사정상 만나기도 어려워 전화로 소식을 들어 아쉬웠다. 제대하고 이제 복학해서 꿈을 향해 노력하며 잘 지내고 있다. 성공하리라 믿는다.

  제자의 소식이 궁금해 내가 먼저 문자를 하기도 한다. 남학생 제자와는 가까워 지기 쉽지 않지만, 지금까지 가끔 카톡으로 소식을 주고받는다. 대견하고 자랑스러운 제자임엔 틀림없다. 그의 성실함과 노력으로 꿈을 이루리라고 믿는다. 그 앞길에 꽃길로 걸어주기를 바라며 기다린다. 동재야 너를 만나 좋았어. 너는 내 생각 하니?

  동재가 내 캐리커쳐를 그려주어 감동했다. 얼마전 엄마가 암으로 수술하시고 회복중이시다. 쾌유하시기를 마음으로 간절하게 기도한다. 여동생이 적십자 장학금을 받은 사진을 보내왔다. 제자를 통해 듣는 기쁜 소식도 힘든 소식도 고맙고 반갑다.

  더 좋은 꿈을 향해 잠시 휴학하고 있다. '꼭 꿈이 이루어 지기를' 기다린다.

  "잘될 거야."

동국대 교수 효정이 도전

남춘천여중이 세 번째 학교이다. 1980년대 춘천에는 개발되지 않은 불모지에 아파트 신축 붐이 많이 일어났다. 남쪽에 있는 퇴계동은 아파트가 들어서기 전에는 논과 밭들의 농지로 '백석골'이란 지명에서 보듯 농촌의 시골 같은 곳이다. 지리적으로 서울로 가는 길목의 요지라 개발되면서 민영아파트들이 들어서 대규모 아파트 단지가 조성되었다. 아파트는 중산층이 많이 선호하여 좋은 조건으로 주민이 늘어나 남춘천중학교와 남춘천여중이 개교했다. 학교 환경이 좋아 학부모들이 많이 선호했다. 이 학교로 옮기던 해가 신설 5년차로 학교 역사를 만들기 위한 프로젝트들이 많이 진행되어 힘들었던 기억이 난다. 규모도 크고 전통 있는 우수한 특색교육의 학교를 만들기 위해 교사들이 많이 노력했었다.

그 시절 교사들은 여학교로 전근이 되기를 선호한다. 이유는 여학생들은 스스로 잘 알아서 행동하고 어른스럽다. 여학교에서 가르치는 에너지가 남학교의 반 정도면 가능할 정도로 수월했다.

남학생들은 천방지축 활력이 넘쳐서 지도하기 무척 힘들었다. 교직 생활에서 여학교가 남춘천여중이 처음이었다. 그동안 남학교에 많이 근무했고, 남학생들은 지도하기 힘은 들지만 의리가 있어 활동적인 나와 성격상 궁합이 잘 맞기도 했다.

처음 1학년 담임을 맡았다. 교장 선생님의 투철한 교육관은 쾌적한 환경과 학력의 중점을 두고 밀고 나가셨다. 복도에 슬리퍼를 신지 않고 다니도록 깨끗한 환경을 조성했다. 수업이 힘이 든 것이 아니라 청소 때문에 힘이 들었다. 그 힘든 시간에 뜻밖에 딸을 임신하게 되었다. 지금은 임신한 여교사를 위한 복지제도가 아주 좋아졌다. 출산 휴가가 산후 기간을 합산해 90일이지만 이전에는 출산 휴가 기간이 한 달로 짧아 선배 여교사들은 몸을 추스를 시간이 부족해 고생했다. 직장에서 출산 휴가는 학교와 학생에 피해를 준다는 취지로 눈치가 보이던 시절 두 번째 임신은 그리 마음이 편치 않았다.

또, 그때는 급식이 없던 시절이라 학생들은 도시락을 싸서 등교했다. 교사들은 학교 주변 식당에서 중식을 정해놓고 먹었다. 그런데 중식을 맡아주시는 할머니의 정갈한 반찬으로 입맛이 살아났다. 할머니의 맛있는 음식 솜씨에 입덧을 겪던 나를 먹을 수 있게 해주셨다. 고마운 마음이 잊히지 않는다. 두고두고 할머니의 정갈하고 토속적이며 신선한 반찬들이 생각나고 그립다. 나물무침 맛은 최고였다.

내가 출산하던 시절에 생각할 수도 없었던, 지금은 1년 육아 휴직을 할 수 있고, 배우자도 출산 휴가를 주는 다양한 정책과 제도가 생겼다. 그뿐인가 모성보호 시간, 임신 검진 휴가, 육아 휴직, 난임 태아 산모 검진 지원 등 사회적 인구 정책 해결을 위해 개선되었고 필요한 복지 정책이 좋아졌다. 1980년대는 생각할 수도 없는 일이다. "둘만 낳아 잘 키우자."라는 표어로 셋째는 의료보험 혜택도 주지 않았던 것으로 기억된다. 2000년 대한민국 인구 정책과 출산율이 꼴찌로 걱정이 앞선다.

일 학년 담임을 하면서 특별히 기억나는 효정이가 있다. 효정이는 반에서 실장을 맡았다. 실장을 하면 좋은 일보다 힘든 일과 책임감이 따르고 바쁘기 마련이다. 그런데 효정이의 성격은 반 아이들을 잡기보다는 느긋한 성격으로 들어주고 풀어주는 실장이었다. 나무로 비유하면 흔들리는 가지의 모습이 아닌 깊게 뿌리 내린 든든한 고지식한 성격이었다. 키도 크고 성격도 온순해 꼼꼼함보다는 털털함과 소탈함이 매력이었다.

임신하면 학생들 앞에 배부른 모습이 부끄럽고 조심스러웠었다. 임신복이 편하고 보기 좋은 예쁜 옷을 구하기 어려웠다. 그런데 효정이 어머니는 의상실을 운영하셨다. 어느 날 어머니께서 담임을 위해 손수 임신복을 만들어 보내주셨다. 너무 멋진 하나밖에 없는 임신복 선물이었다. 막달 배가 많이 불러도 잘 감추어지도록 멋지게 만들어 주셨다. 두고두고 잊을 수 없고 감사한 마음이 남아있다. 졸업 후에도 우연히 어머니를 길에서 만나면 효정이 소식이 궁금해 물었다. 미국에서 심리학 공부로 박사 학위를 준비한다는 소식을 끝으로 듣지 못했다. 오랜 시간이 흘러 퇴임하고 효정이 소식이 궁금했다. 그러다 얼마 전 마트에서 쇼핑하고 계산을 하는데 뒤에서 "이혜남 선생님 아니세요?"라는 목소리가 들렸다. 모자를 쓰고 마스크까지 했는데 나를 알아보시고 무척 반가워하셨다.

　너무 반가움에 궁금한 효정이 소식을 물었다. 어머니께서 "동국대 교육학과 교수가 되었어요."라는 말씀에 마음속으로 자랑스러웠다. 그래 효정이는 해낼 수 있는 능력이 충분해 생각하고 헤어졌다. 정신이 없어 전화번호를 묻지 못하고 집으로 와 궁금했다. 우선 동국대 홈페이지에서 '교육학과 이효정 교수' 이름을 검색했다. 교육학과 학과장이었다. 학과 번호를 알아 전화를 걸어 보았다. 요즘은 개인정보 보호로 알기 어려워 사무실 조교에게 부탁했다. "중학교 담임인데 전화를 해 달라고 했다." 다음 날 효정이에게서 전화가 왔다. 너무 놀랐다고 하며 어떻게 알았는지 궁금해하기에 어머니를 만난 자초지종을 설명했다. 그렇게 이름으로 제자 찾기 도전으로 만남이 해결되었다. 효정이는 그동안 도전한 성공 이야기를 나누며 싱글 삶을 멋지게 살고 있는 게 제일 잘한 일이라 말해 걱정 반 아쉬움 반 속으로 웃음이 났다. 이제 효정이가 어느덧 세월이 흘러 인생 중반 고개 51살이라고 말해 놀랐다. 아니 그렇게 많이 먹었니? 선생님 담임하셨을 때 낳은 딸이 몇 살 이예요? 되묻기에 맞아 37살 그래 그러니 네 나이가 그렇게 많이 먹었네. 전화를 끊고 효정이의 풋풋한 여중생의 얼굴이 떠올라 잠시 타임머신의 상상에 미소가 지어졌다. 효정이의 성공을 축하해주고 싶다.

　한참을 30년이 지난 세월의 흐름을 더듬어 보는 시간이 되었다. 퇴직했지만 가르친 제자가 성공해서 사회에서 든든하게 대학의

학과장이 되고 교육학박사가 되어주어 자랑스럽고 반가움에 든든했다. 교사로 살아온 내 인생에 가끔 감사한 시간을 안겨주는 제자들이 있다.

"효정아 네 모습이 자랑스러워. 싱글의 생활이 최고 잘한 일이라고, 아직은 몰라." 다른 제자들은 어디서 무엇으로 살고 있을까? 궁금해진다.

근무할 때 교장 선생님은 학교 환경을 변화시켰지만, 교사들의 학교 분위기는 고생스럽고 힘이 들었다. 이제는 '거꾸로 시대'로 윗사람이 아랫사람 눈치를 보는 시대로 변했다. 호랑이 담배 피우던 시절 "스승의 그림자도 밟지 않는다."라는 명언은 아마 "스승의 그림자는 보이지도 않는다."로 변질되어 진듯 싶다. 이곳으로 이사 하기 전 살던 아파트가 남춘천여중 바로 앞에 있었다. 거실에서 수업이 끝나는 음악 종소리가 들린다. 예전의 교사 시절 수업을 마치고 나오는 먼 시간에 머물러 걸음걸이가 힘차게 스치고 마음이 바쁘다. 그 시절로 제자들의 소란스럽던 교실로 달려가듯이 문득문득 가르치며 만났던 얼굴들이 주마등이 되어 생각난다.

팔레놉시스 난꽃

'팔레놉시스 난'은 나의 반려 식물이다. 반려동물이란 말은 많이 듣지만, 반려 식물이란 말은 흔치 않다. '팔레놉시스 난'은 10년 곁에 있는 반려 식물 1호이다.

취미가 화초를 키우기이다. 꽃들도 정서적으로 안전감을 준다. 푸른 식물이 주는 교감도 느끼고, 공기정화와 인테리어 효과도 있다. 식물을 보면 그 고유의 개성과 향기와 꽃의 표정에서 오는 정서적 공감은 행복감을 준다. 푸른 청량감이 삶의 일상에 상쾌함으로 작용한다. 답답할 때 밖으로 나가 자연의 나무와 숲만 봐도 싱그러움을 느끼고 기분 전환이 되는 이유일 듯싶다. 산책하면서 건물이 눈에 들어오지 않고 그 집안의 정원수의 꽃들이 눈에 먼저 들어온다. 집주인이 가꾼 식물들의 정성이 보여 부럽고 호기심에 빠진다. 유럽은 여행에서 골목을 걷다 보면 집집마다 창밖에 핀 제라늄 꽃들이 너무 아름다웠다. 그래 "서양인들은 집안에 두고 나만 즐기기보다 지나는 나그네에도 꽃을 보여주는구나." 하는 마음이 느껴지기도 했다. 식물이 집을 아름답게 꾸며주며 마음의 안식처로 친구처럼 안정감과 위로를 줄 수 있는 존재가 반려 식물이다.

아침에 눈을 뜨면 거실로 나가 커튼을 걷으며 화초에 밤새 소식을 들으려 하나씩 챙기며 "잘 잤니? 꽃 몽오리도 어느새 피웠네. 넌 어쩜 무엇 먹고 예쁘게 피었니? 난 물만 주었는데, 속으로 마음을 전한다." 새로운 잎도 작게 매달려 있는 반가움에 "고마워, 넌 이렇게 예쁜 꽃을 피우니?"라고 아침 인사를 건넨다. 남편에게도 잘하지 않는 아침 인사를 꽃들과 식물에는 아끼지 않고 일어나 먼저 챙긴다.

아직 봄기운은 멀고 춥다. 며칠 전에는 봄눈도 많이 내렸다. 시샘하는 추위가 아쉬워하는 듯하다. 계절의 기억은 겨울 땅속에서 잠을 잔 휴식을 깨우는 것일까? 창밖의 봄소식이 오기 전 거실에 '팔레놉시스 난'은 흰 꽃망울을 매달고 수줍게 꽃소식을 기다리게 한다. 한 달여 동안 꽃망울만 매달고 있다가 드디어 첫 꽃송이가 화사하게 피어났다. 문득 이 꽃의 이름이 뭘까? 라는 생각이 들었다. 그동안 꽃 이름도 모른 채 무심히 세월이 지났다. "그래, 꽃에도 이름이 있을 텐데." 하는 생각에 사진을 찍어 동아리 화원 회장님에게 보냈다. 찍어 보낸 꽃을 보고 '팔레놉시스 난'이라고 알려주셨다. 아!! 이름도 그리스 신화에나 나올 듯 고풍스러운 느낌이 들었다. 매년 봄이 되면 하얀 난꽃을 피우도록 무심하게 이름을 불러주지 않아 미안했다. 자태도 곱다. 다섯 장의 동그란 꽃잎에 안쪽으로 노란 수술방이 꽃잎을 감싸고 있다. 화원 회장님은 "생생 코트" 영양제를 주면, 꽃대가 더 많이 나온다고 한다. 사람과 마찬가지로 식물에도 물과 햇빛만 가지고는 부족해 영양제를 줘야 한다는 깨달음이 온다.

  동물이나 식물이나 좋은 결과를 보기 위해 그 나름의 혼신과 플러스 영양의 효과가 필요한 것이 삶의 이치와 같다. 식물에 공을 들이는 이유는 꽃들은 자기만의 내적으로 숨겨진 시적 언어가 있다. 어느 정원사가 "식물이 꽃을 피우는 이유는 종식 보존과 자신의 한계에 달해 마지막 몸부림의 흔적이라는 말을 들었다." 누구나 꽃을 보면 예쁘다고 하는 의미와 달리 꽃이 피는 건 마지막 몸부림이라고 한다. 그 의미가 가슴 한편으로 꽃을 볼 때마다 안타깝고 미묘한 절정이란 의미의 마음으로 맞이한다.
  '꽃 피우기'의 행위는 시인의 간절한 그리움의 표현과 같은 마음일 것 같다. 김수영의 '꽃잎' 이란 시에 "꽃을 주세요. 우리의 고뇌를 위해서/ 꽃을 주세요. 아까와는 다른 시간을 위해서/ 이 구절을 읽으면 꽃의 느낌은 표현이 아닌 바램일 것이다."

  '팔레놉시스 난'은 매년 먼저 봄을 알리듯 피었다. 하얀 얼굴로 화사하게 한 달 동안 연달아 한 꼭지씩 핀다. 화초가 꽤 많다. 거실 창문 앞자리에도 모자라 베란다에도 가득 차 있다. 산 것보다 특별한 날 선물로 받은 것이다. 제일 오래된 화초는 18년 전 암 수술했을 때 친구가 들고 온 작은 '산세비에리아'는 성장력이 좋아 몇 번을 분갈이했고, 이제 큰 고목이 되었다. '산세비에리아' 꽃이 지난해 피어 놀랐었다. 처음에는 노르스름한 굵은 줄기가 있어 꽃이 될지 몰랐다. 매우 보기 힘든 꽃이라는데, 꽃을 피워 너무 반가웠었다. 힘들게 꽃을 피우는 것은 잘 적응하며 잘살고 있다고 주인에게 보내는 인사가 아닐까? 행운이 들어온다는 '산세비에리아 꽃'을 보았으니, 행운을 맞이할 기대감이 크다. 또 신기하게도 작은 접시에 학생들의 실습용으로 만든 작은 '파키라'도 갖고 와 10년 가까이 거실 천장에 닿은 정도로 키가 커서 부담스럽다. 구석에 자리 잡은 '아레카야자' 화분도 선물로 받아온 사연을 담고 있는 친구 같다.

그중에도 '팔레놉시스 난'은 10년 전 제자가 스승의 날 유리병에 심어진 화분을 보내주었다. 긴 인연의 세월이 담겨 있다. 교사 초임 시절 일 학년 담임을 했을 때, 키는 작지만 성실한 모범생이어서 귀여워했던 제자였다. 졸업 후 소식을 들은 적은 없었다. 삼십 년 지나 춘천중에서 교무부장을 했을 때였다. 입학식에 사회를 끝내고 돌아오는데, 한 학부모가 "선생님 저 제자입니다."라고 말했다. 오래전 제자를 알아보지 못했다.

결혼해서 아들이 입학 하게 되어 만나게 되었다. 제자의 아들까지 2세대에 걸쳐 가르치게 되었다. 가끔 여학생 제자도 졸업 후 결혼하여 아들이 입학해 만나는 일이 몇 번 있었다. 그때마다 "아 이제 늙었구나." 하는 서글픔도 있지만 제자를 만나 반가웠다. 아들을 가르치게 된 제자가 스승의 날 '팔레놉시스 난' 화분을 선물로 주었다. 매년 이른 봄 화사하게 꽃을 볼 때마다 제자가 생각난다. 난꽃이 피면 제자의 애송이 같은 교복 입은 모습과 땀방울 맺힌 체육대회 때 상기된 얼굴이 겹쳐 미소가 저절로 나온다. 나의 반려식물 1호이다. 긴 역사를 간직하고 있어서다. 적당하게 물을 주는 일과 햇빛을 잘 받게 자리를 찾아 주는 일뿐이지만 매년 어김없이 꽃을 보여준다. 그렇게 변함없이 한 달 동안 꽃들은 나를 지켜주고 그리움으로 피우고 진다.

나는 식물을 더 좋아한다. 요즘엔 스트레스를 줄이는 플랜테리어(식물+인테리어)로 화초를 기른다. 푸르름을 주는 상록수, 쉬지 않고 꽃을 피우는 난초, 향기를 주는 허브 식물은 향기로 안정감도 있다. 또 공기정화 작용도 한다. 제각기 사연들을 간직한 추억이 있어 더 정겹다.

봄이 오기 시작하는 이월 끝자락 거실에 핀 '팔레놉시스 난꽃' 하얀 일곱 송이 얼굴은 내 외로움을 달래준다. 그 외로움은 세월에서, 삶의 일상에서, 지치지 않으려고 다그치는 버거움에서 벗어나고 싶은 꽃들의 미소일 것이다.

금강산 '1만 2천봉' 여정

　1999년 7월 여름 3박 4일 일정으로 '금강산'에 갔다. 이 여행은 아주 특별한 기회가 되었다. 금강산 관광은 1998년 11월 18일 처음 시작되었다. '김대중 대통령'의 햇볕정책 밑거름이 되었고, 현대 '정주영 회장'이 소를 끌고 방북하는 대북 경제에 쏟은 고향에 대한 그리운 열정으로 금강산 관광의 문이 열린 것이다. 고향에 소를 몰고 가는 육로의 '고 정주영 회장'의 역사적인 장면을 뉴스로 보면서 감격스러웠다. '기 소르망'은 소 떼를 몰고 가는 장면을 "가장 아름답고 충격적인 20C 전위예술 작품"이라고 표현했다. 그 후 육로로 금강산에 가는 길은 2003년에 시작되었다. 내가 '금강산'에 갔을 때는 육로가 열리기 전이었다. 동해항에서 '풍악호' 크루즈 유람선을 타고 '장전항'에 내려서 버스로 민통선 이북 '금강산'에 갈 수 있었다. 내 인생에서 '금강산'을 보게 된 것은 꿈만 같았던 정말 행운이었다. 창촌중학교 근무 시절 '스승의 날' 교육부 장관 모범 교사 표창을 받아 현대기업의 교사 연수 특혜로 주어진 포상 여행이었다.

'금강산'으로 가기 위해 탄 '풍악호' 유람선은 선상 크루즈 호텔이었다. 크루즈 초호화 여행은 처음이었다. 배 안에 모든 문화시설이 잘 갖추어져 있었다. 육로로 가면 두세 시간이면 갈 수 있는데 '풍악호' 유람선은 10시간 이상 바다 위를 돌아서 '장전항'에 도착했던 것으로 기억이 난다. 유람선에서 내려 버스를 타고 '금강산 온정각'으로 향하는 길에서 만난 북녘의 풍경과 밭에서 농사일하는 북한 주민 모습을 보는 마음은 우리의 분단된 땅으로 낙후된 환경과 가옥들이 보여 가슴도 아리고 속이 상했다.

　버스에서 내려 '금강산'을 처음 바라본 그 웅장함에 가슴이 벅찼다. '1만 2천 봉우리'라는 이름에 맞게 자연의 신비한 아름다움에 설렜다. 특히 칠월의 한 여름이라 산에는 숲들로 짙은 푸르름이 들어차 신록 풍경들이 더 아름다웠다. 처음 맞이하는 '온정각' 휴게소에서 만난 안내원은 같은 민족이면서도 낯설어 자연스럽게 대화할 수 없는 규정이 있어 조심스럽고 자유롭지 못해 마음이 무거웠다. 지금은 금강산에 호텔이 있었지만, 내가 금강산에 갔을 때는 숙소가 호텔 '풍악호' 크루즈 유람선이었다. 처음 타보는 크루즈 내부는 호화스럽고 수영장, 노래방, 식당, 카페, 스포츠, 게임방, 주점 등 육지의 관광지 시설처럼 잘 갖추어 불편함이 없었다. 이번 함께 한 연수방문단이 전국에 있는 교사들로 이루어져 더욱 친밀감이 컸다. 크루즈 안 선실 호텔 바다 위에서 쉬는 기분은 흔들림도 없어 매우 안락하고 편안했다.

　다음 날 일정은 '금강산' 등산이 시작되었다. 첫날 북측의 안내원을 따라 금강산 '옥류동 무대 바위'를 지나 '구룡폭포' 소리와 물줄기가 주는 시원한 청량감이 더위를 잊게 했다. 금강산은 북측에서도 신경을 써 자연을 보호하여 환경이 잘 보존되어 있었다. 눈을 들어 보는 하늘과 어울리는 바위 아래로 맑은 물들은 신선이 된 기분을 안겨 주었다. '만물상' 가기 전 기암절벽으로 이루어진 봉우리

1999. 금강산 만물상 앞에서

와 산에 펼쳐진 고풍스러운 소나무와 들풀과 꽃들이 어우러져 아름다움을 더했다. 언젠가 읽은 유홍준의 '금강산 답사기'에 실린 글이 현장에 오니 더욱 실감이 나며 이해가 되었다.

"내 경험에 의하면 옥류동 · 구룡폭은 탐승길이고, 만물상은 등산길이고, 내금강 만폭동은 답삿길이고, 이제 우리가 향하고 있는 삼일포는 유람길이다."《나의 문화유산 답사기 5》(유홍준, 2011년 개정판)

이제는 가고 싶어도 갈 수 없는 '금강산'을 보게 되어 행운이라는 생각이었다. 그곳에서 찍은 사진을 보면 지금은 갈 수 없는 '금강산'에서 찍은 귀하고 추억에 덮어둔 역사적인 사진들이다.

학창 시절 음악 시간에 "금강산 찾아가자. 1만 2천 봉" 불렀던 노래가 생각난다. 사진 뒤에 펼쳐진 '만물상' 기암괴석의 배경은 지금 보아도 멋진 풍경으로 보인다. 정말 봉우리들을 세어보지는 못하지만 '1만 2천 봉'이 맞는 듯 높게 수많은 봉우리가 치솟아서 신들의 조각작품 같은 모습의 장관이었다. 25년 전 사진으로 금강

산 곳곳에서 찍은 청춘 내 모습은 정말 내가 가서 찍은 사진이 맞나 하는 인상적인 한 컷이다. 스마트폰이 없던 시절이니 디지털카메라나 일회용 카메라로 찍어서 인화한 사진일 것이다. 또 몇 장의 사진은 아마 '구룡폭포'로 가면서 찍은 것인지, 오래 지나서 장소도 가물가물하고 기억이 잘 나지 않는다.

'옥류동' 아름다운 계곡 위 자연이 이리 완벽한 예술품으로 경관을 연출한 것이 아니냐고 느껴질 정도로 아름다웠다. 그러나 '만물상' 오르는 산길은 이제까지 산을 오른 정상 중 제일 힘들고 고통스러웠다. '만물상'에 올라가던 산행길 '선녀탕'을 지나 '상팔담'으로 가는 등산길도 무척 힘들었었다. 체력 탓인지 험한 산세 탓인지 힘든 기억이 생생하다. 그때 일상으로 돌아가면 열심히 운동해서 체력을 기르리라는 다짐을 했었다. 힘들고 숨이 차 죽을 뻔했던 코스가 기억 속에 생생하다. 체력의 한계로 발톱이 빠질 듯 발과 다리가 아파 이 악물고 올라갔었다. 가까스로 추슬러 내려와서 호텔 방에 기절하듯 뻗었던 기억이 살아난다. 아마 다시 갈 기회가 있었다면 힘들어서 포기했을 것이다. 이제 다시 못 볼 '금강산'이라 힘들어도 곳곳에 보여주는 코스마다 어려움을 참아가며 설렘으로 산행을 했었다.

'상팔담' 올라가는 길도 힘들어 지옥 같은 가쁜 숨에 몰려서도 막상 정상 도착했을 때 감동은 '이은상' 작사 시의 한 부분 "금강에 살으리랏다. 금강에 살으리랏다. 운무(雲霧) 데리고 금강에 살으리랏다. 홍진(紅塵)에 썩은 명리(名利)야 아는 체나 하리오."(중략)의 싯귀가 몸을 휘감는 신비한 느낌이다. 가는 곳마다 절경이요. 보는 곳마다 천경인 듯, 웅장하고 장엄하고 마음이 머물 듯 동화

되는 감동을 보여준 산이 '금강산'이다. 이제껏 내가 가본 산은 '설악산' '지리산'이다. 이에 비교하면 '금강산'은 상상한 것보다 더욱 다양하고 웅장한 신비로움을 간직하고 있었다. 안내하는 북한 가이드 아가씨의 재치 있는 설명과 친절함도 잊히지 않는다. 교육을 잘 받은 예쁜 여성 가이드는 같은 민족임이 느껴질 정도로 말이 잘 통했다.

그 시절 분단 되어 있는 북녘땅에 쉽사리 발을 들여놓기 어려운 때라 설레는 마음으로 들떠서 민족의 정기가 흐르는 최고의 '금강산'에서 찍은 사진을 소중하게 간직하고 있다. '금강산'의 절경인 '상팔담', '옥류동 계곡', '온정각', '만물상', '내금강'의 아름다운 절경은 아직도 내 마음속 눈에 가득하다. 가끔 경치 좋은 곳에 붉은 글씨로 새겨놓은 인민들의 선동 문구가 눈에 많이 띄었다. 바위와 곳곳에 찬양 문구가 없었다면 금상첨화일 텐데 보기 아쉽고 불편하긴 했지만, 북측의 체재에 수긍했다.

'금강산'은 이름이 네 개이다. 계절에 따라 봄에는 '금강산' 여름은 '봉래산' 가을은 '풍악산' 겨울에는 '개골산'으로 불린다고 한다. 나는 여름 '봉래산'을 구경하고 내려와 동행한 선생님과 '들쭉술' 한 잔 아쉬워 마셨던 기억은 잊을 수 없다. 다시 가서 볼 수 없는 금강산이라 그때의 사진이 소중해진다. 그러나 뜻하지 않은 사건이 2008년 7월 11일 북한군의 총격으로 의해 일반인 관광객이 사망하면서 '금강산' 관광이 전면 중단되었다. 여러 가지로 염원해 보지만 아직 까지 금강산으로 가는 문이 굳게 닫혀 있다. 한 번 더 가보고 싶은 그 시절 사진으로만 보고 있어 아쉬움만이 남았다.

"다시 가보고 싶다" 언제 금강산 문이 열릴까 기다려진다.

3부
도란도란 은빛화실의 꿈

생소해서 놀랐고, 한편 마음이 짠한 서글픈 마음의 여운이 오래 남았다.

"누구는 꿈을 가슴에 깊이 간직하고, 누구는 꿈을 나눠주고 살며, 누구는 꿈을 이루려고 살고, 누구는 꿈을 잊은 채로 산다."라는 노래도 있다. 은퇴 후 2막 계획을 세울 때, '2024 인생 나눔 교실 멘토봉사단 모집' 공고가 연금공단에서 왔다. 바로 이거야!!~ 하고 지원서를 냈다. '멘토'는 함께 길을 걷는 동행자이다. '멘토링'은 곁에서 지켜보면서 잘 극복하도록 돕는 역할을 한다. 멘토는 삶에서 행복을 전하면서 함께 공감하고, 격려하고, 칭찬하고, 토닥여주고, 경청해 주는 일이라 생각되어 봉사를 시작했다.

우리가 살면서 '버거움'을 감수하는 이유는 그 버거움을 넘어서는 의미와 가치를 추구하고 싶기 때문이다. 노년의 삶 여정에는 많은 변수가 수없이 생긴다.

노자는 "우울하면 과거를 사는 것이고, 불안하면 미래를 사는 것이며, 행복하면 지금을 사는 것이다."라 말했다. 나는 멘토가 되어 사별을 겪으신 외로움을 마지막 삶을 정리하는 용기와 위로로 마음 따뜻하게 행복을 드리고 싶어 봉사를 시작했다. 그렇게 '춘천 북부노인복지관'에서 '인생 나눔 멘토'로 사별하신 노인들에게 미술 심리치료 '도란도란 은빛화실'을 열고, 멘토 봉사가 시작되었다.

미술 심리치료 과정을 진행하던 어느 날 수업 중에 75세 S 멘티 할머니께서 '나의 꿈' 발표를 평생에 "학사모 한번 써보고 싶다."라는 소원을 말씀하셨다. 더욱 "학사모 쓴 사진"을 영정 사진으로 하고 싶다고 하셨다. 세월이 더 늦기 전 대학에 가고 싶은 꿈을 발

'도란도란 은빛화실'의 첫 만남

  '도란도란 은빛화실'이란 이름으로 노년에 겪는 사별 후 우울감 해소와 치매 예방을 위한 미술 심리치료 교실 멘토로 1년 동안 춘천 북부노인복지관과 춘천종합사회복지관에서 봉사했다.

  퇴임 후에 버킷리스트로 재능기부 봉사를 계획하며, 인생 2막을 다시 리모델링해야겠다고 생각했다. 마침, 연금 공단 상록봉사단에서 '2024 인생 나눔 교실 강원권 멘토봉사단 신규 모집' 공고 문자가 왔다. 바로 이거야!!~ 하고 지원서를 냈다. 그렇게 멘토 봉사로 '춘천 북부노인복지관'과 '춘천종합사회복지관'에서 사별 후 우울감 해소를 위한 미술 심리치료를 시작했다. 화요일과 목요일 주 2시간 수업을 진행했다. 모집 안내를 "사별 경험이 있으신 시니어"이었다. 집단 '미술치료 심리 활동'의 목표를 위해 '도란도란 은빛화실'로 이름을 정했다. 각자의 사별 사연을 갖고 계신 노인복지관(9명), 종합사회복지관(8명)이 모집되었다. 평균 연령 79세, 사별 경험이 있으신 분들이다. 제일 연세가 많은 분이 90세다.

노인 미술 심리치료는 '노인 우울감' 해소와 '치매 예방'을 위한 공감, 소통, 나눔, 배려의 정서적 안정감이 필요하다고 생각했다. 독거노인분들은 사별 후 겪는 우울감이 매우 높아 삶이 매우 불안정하다. 40년 미술 교사로 퇴임했고, 미술치료 심리 상담사 자격증이 있어 가능했다.

활동 계획은 "나 들여다보기, 마음 열기, 나의 행복한 기억 찾아보기, 감정 연결하기"로 목표를 정했다. 노년의 인생은 많은 산 같은 고난도 굽이굽이 언덕이 나타나 정신적으로 약해지고 몸도 나이 들면 여기저기 고장이 난다. 동반자가 떠나면 더 외롭고 힘들다. 자식도 커서 나가면 '빈 둥지 증후군' 외로움은 육체적 정신적으로 매우 힘들게 한다. 이 외로운 우울감에서 올 수 있는 치매를 예방해 보려고 미술 심리치료 멘토 봉사를 시작했다.

북부노인복지관 수업이 더운 여름이라 걱정했는데, 냉방시설이 잘 되어 다행이었다. 수업은 좋은 시와 글 명언 자료 미술치료 자료를 준비한다. 매시간 노인분들의 맛있는 간식도 챙겨 간다. 첫 시작으로 '나는 누구인가'라는 주제를 드리고 작성해보도록 했다. 누구나 한 번쯤 내가 누구인가? 라는 의문을 품게 된다. 눈도 어두우신 노인 분들이라 볼펜을 잡고 글자를 쓰시기 힘들고, 어색해 보여 걱정스러웠다. 한분 한분 설명하고 도와드리며 시간이 끝났다. 수업이 제일 힘든 것은 노안과 귀가 잘 안 들려 소통이 힘들었다. 한 분 한 분 가까이에서 큰소리로 말해야 이해하신다. 몸에서 노화가 가장 빨리 오는 기관이 첫째 눈이고, 둘째 귀의 청력으로 어쩔 수 없는 노화 현상일듯하다.

다음으로 '나'를 설명하는 시간이었다. 멘티들에게 부르고 싶은 별칭을 지어 발표하기로 했다. 별칭은 (대모, 호랑이, 장미꽃, 여행가, 배우, 우두동 미녀, 점순이…)로 정했다. 이름표 대신 별칭 카드를 만들어 드렸다. 여러 사람 앞에서 발표하는 것이 어색해 많이 부끄러워하셨다. 활동 시간 멘티들의 '내 소개'를 듣고서 수업은 심리치료가 아니라, 심리적 위로가 더 필요한 것 같아서 프로그램을 수정하기도 했다. 두 번째 시간 92세에 시인이 되신 일본 '시바타 도요'의 '약해 지지 마' 시와 '저축' 시를 소개해 드렸다. 읽고 나누며 '시바타 도요'가 우울한 일상을 사는 노인들에게 100세를 앞두고 쓴 시들이 살아가는 힘을 줄 수 있다고 생각했다. 수업이 끝나고 생각나는 한 줄이라도 좋으니, 시를 적어 오는 숙제를 드렸다. 다음 수업시간에 세 분 멘티께서 시를 써 오셨다. 한 멘티분이 "수업하고 돌아가는 길에 소나기 내리는 것을 보고 쓰셨다" 하시며, 연필로 쓴 시를 가방에서 꺼내 주셨다. 마음에서 벅찬 감동으로 나도 모르게 눈물이 났다. 어떻게 이런 시를 썼을까? 감동적인 멘티가 쓴 두 편의 시를 소개해 본다.

비와 안개 (사별 4년, N 멘티)
위에서 아래로 내리는 빗줄기
차라리 힘차다.
문득 안개 자욱한 강줄기
그 속을 알 수는 없지만
언젠가는 흔적도 없이 맑은 날
웃으며 여행 가자 데리러 오겠지.

나의 남편 (사별 2년, A 멘티)
그림 같은 집을 짓고
영원히 같이 살자던 그 사람
지금은 곁에 없어요.
아주 슬프고 아픕니다.
그곳에선 약속하지 마세요.

　두 편 다 먼저 떠난 남편에 대한 그리움이 애틋하게 시에 녹아있었다. 다른 멘티의 시에 '소주 3병 반' 제목이 있었다. 혹시 알코올 중독이 아닐까? 걱정했다. 시간을 내어 대화를 한 결과 그분의 소주병은 마시며 취하는 것이 아니라, 안정을 찾는 그분만의 '키핑 대상'의 방법이라고 하셔서 마음이 놓였다.

　또 '행복의 감정' 시간에 J 멘티 이야기로 조용하게 경청하며 분위기가 숙연해졌다. 끝나고 위로의 박수를 크게 보내드렸다. 말씀을 요약해 보면 "39살에 아들과 딸을 남기고 결혼해서 10년도 안 되어 그중 4년은 남편의 병 뒷바라지로 행복할 틈도 없이 '청상과부'가 되셨다." 사별 후에 겪는 역경은 남겨진 가족의 생계와 책임이 따른다. 모두를 더 깜짝 놀라게 한 말씀은 "남편의 묘소에 13년 동안 찾아가지 않았다."라고 하셨다. 가게 된 것도 큰아들이 아버지 묘소에 가보고 싶다고 해 찾으셨다고 했다. 찾아갈 여유 없이 산 게 13년이 지나갔다는 말씀에 힘든 삶이 고스란히 전달되고 느껴졌다. 자신을 지키며 살아오신 강인함이 전해져 위로하고 안아드리며 잘 살아오셨다는 말씀을 드렸다. 그분의 인내 극복은 밤새 우며 하는 바느질이었다고 하신다. 바느질에 취미가 있으셔 손수 본인의 옷도 만들어 입으신다고 자랑하셨다. 수업중 완성된 그림에는 삶의 외로움이 화려함으로 표현되어 향기가 난다. 삶에서 지친 자화상일 듯싶다.

  S 멘티는 종강까지 결석을 안 했다. 일찍 와 기다리며 재주가 많았다. 나이가 가장 어렸고, 다른 멘티들을 언니라 불렀다. 종이접기 강사로 재능기부를 부탁했는데, 종이까지 준비해 '장화 접기'를 모두 배웠다. 멘티들에게 재능을 발표하라고 권유한다. 자신감과 용기를 주기 위한 시도였다. 종강 시간에 열정적으로 참여해 표창장과 상품을 드렸는데, 평생 처음으로 상을 타본다고 감격하는 모습에 난 더 감동했다.

  P 멘티는 한 많은 사연이 많으셨다. 남편의 사별과 아들과 딸까지 먼저 보내는 슬픔이 있으셨다. 남은 아들마저도 투병으로 돌보고 계신다. 늘 씩씩하게 나오셔 80세 답지 않게 힘차게 끝까지 그림을 완성하는 모습은 존경스럽다. 내가 해드리는 일은 어깨를 안 아드리는 것뿐이다. 얼마 전 봉사로 '시장상'을 받으셨다. 이미자 '여자의 일생' 노래를 좋아해 부르실 때 들으면 마음이 아려온다. 완성된 그림에는 힘이 느껴지고 색감이 살아있다. 그 힘은 바위처럼 크고 단단하게 살아오신 삶의 모습으로 느껴졌다.

  멘티들의 자랑은 끝이 없다. 82세 B 멘티는 하모니카를 잘 부신다. 초등학교 시절 동네 오빠의 하모니카 소리에 홀려 배우셨다고 한다. 몇 번을 보여달라고 조르다 종강 시간에 '석별의 정' 연주를 해 주셨다. 어려웠던 시절 성당에 다니시며 신부님에게 사랑을 쏟았는데, 다른 곳으로 가시는 소식에 슬퍼서 신부님께 불어 주셨다고 해 의미가 더 크게 스며 감동했다. 첫 번째 결혼의 상처 이야기도 담담하게 들려주셨다. 두 번째 남편은 자기를 많이 사랑해 주시고 아껴주셨다며 떠난 남편에 대한 사랑이 절절하셔서 우리 마음 까지 따뜻해졌다. 그분의 매력은 멋쟁이다. 화장도 곱게 하시고 예쁘시며 자태가 곱다. 그림을 그릴 땐 늘 마지막까지 꼼꼼하게 정리하며, 최고의 그림으로 완성해 다른 멘티들은 모두 작품을 보고 부러워한다.

 10월 중반 수업 '나의 꿈' 발표에 75세 S 멘티가 평생의 꿈이 "학사모를 한번 써보고 싶다."라고 또, "학사모 쓴 사진"을 영정사진으로 하고 싶다 하셨다. 대학에 가려고 돈을 준비하면 등록금을 부모님 병원비로 쓰셨다. 부모님도 떠나시고, 남편도 떠나서 이제라도 대학에 가고 싶다고 하셨다. 간절하고 절절한 꿈을 듣고서 갈 수 있는 대학을 찾아보았다. 방송통신대, 사이버대학을 알아보던 중 한림성심대 야간부에 중장년 배려 지원 수시모집이 있었다. 1학년 전 학기 등록금 면제의 혜택도 있었다. 바로 멘티들에게 연락드려 수시 원서를 넣었다. 꿈을 포기하지 않은 멘티 2분도 함께 지원했다. 세 분 모두 합격 통지서를 받았고, 25학년 "대학 신입생이 되는 기적의 꿈"이 이루어졌다. 합격 소식에 흥분이 되고 행복해서 심장이 뛰었다. 멘티의 간절한 꿈을 말한 순간 기적이 이루어진 것이 아닐까? 믿는다. 모두에게 자랑하고 다녔다. 남들이 보기엔 무모하다고 판단할 수 있는 그 꿈을 위해 절박하고 간절함으로 용기를 내신 것 같았다.

 멘티들은 연세도 더 많으시고, 경험도 더 많으신 진솔한 삶을 통한 고백이 미래의 교과서 같은 마음으로 받아들였다. 마지막 수업에 이번 '도란도란 은빛화실'에서 그린 그림과 시를 파일에 넣어 그림책을 만들어 드렸다. 처음 자신만의 작품 책이 생겨서 소중하다며, 자식들에게 자랑하고 싶다고 하셨다.

사별 후 겪는 외로움과 후회를 말씀하실 때는 마음 아프다. 인생 나눔 교실에서 "함께한 시간이 많이 공감되고 소통되어 심리적 안정과 위로가 되었다."라는 말씀을 종강시간에 해주셔 감사했다. 모두에게 손 편지를 써 드렸다. 누구는 꿈을 간직하고 살며, 누구는 꿈을 잊은 채로 살고, 누구는 꿈을 이루려고 하는 것에는 나이의 한계는 없었다. 멘토의 봉사가 인생을 바라보고 나누며, 너무 소중했다. 재능은 갖고 있는 것이 아니라 나눔으로 행복감을 느낄 수 있었다. 은퇴 후 미술치료 봉사는 최고의 인생 경험으로 보람 있었다.

(2024년 공무원연금공단 퇴직공무원 사회공헌활동 수기공모전 우수상)

2024. 도란도란 은빛화실 수업

'학사모 영정 사진'의 간절한 꿈

인생에서 마지막 하나뿐인 사진이 영정 사진이다. 언젠간 누구나 찍어야 하는 사진 중 하나이기도 하다. 이 사진을 또 다르게 '장수 사진'이라고 부른다. '영정 사진'은 다른 말로 미리 찍어두면 무병장수한다는 의미를 담고 있다. 이 사진을 준비하는 시기는 칠십을 지나서부터이다. 조금이라도 더 늙어 혈색이 없어진 야윈 늙은 모습보다는 미리 더 건강할 때, 고운 모습으로 보이기를 원해 미리 사진을 찍어 준비한다. 이 사진에 여러 가지 감정이 엇갈리기도 한다.

장례식에 가면 처음 만나게 되는 것이 영정 사진이다. 생전 얼굴이 아닌 사진 속 모습을 마주 보며 고인을 기억해 보게 된다. 편안한 얼굴 모습이면, 슬픔도 덜 느껴진다. 마지막으로 찾아오는 조문객에게 위안을 주고 싶은 사진을 고르며 나름대로 배려나 보답으로 준비하고 싶다. 그런데, 남들과 다른 전혀 생소한 "학사모 쓴 영정 사진"을 간절한 꿈이라고 하는 S 멘티 할머니의 이야기가 처음

표하셨다. 살면서 가정 형편이 어려워 맏딸로 간절한 대학 진학 꿈을 포기하셨고, 대학 등록금을 마련하면 편찮으신 부모님의 병원비로 써야 했다는 말씀은 그 시대 장녀들이 겪는 삶의 애환으로 가슴이 저렸다. 칠순을 넘겨 얼마 남지 않은 인생길에 부모님도, 남편도, 다 떠나 이제라도 대학에 가고 싶다는 꿈을 간직하고 계셨다. 간절한 꿈 이야기를 듣고 내 마음속에서 그 말이 며칠 동안 잊히지 않았고 머리에 깊게 남았다. 혹여나 나이 들어도 지원할 수 있는 대학을 찾아보았다. 방송통신대, 사이버대학 등을 찾다가 '한림성심대 야간부'에 중장년 배려 지원 수시모집이 있다는 걸 알았다.

1학년 전 학기 등록금 면제의 혜택도 있었다. 바로 연락드리고 멘티 지인의 도움으로 수시 지원서를 냈고, 그 후 합격 통지서를 받으셨다. 그러나 S 할머니는 좀 더 학업에 아쉬움이 크셔서 방송통신대에 다시 지원하셔 합격하셨다.

"합격이 내 삶에서 가장 빛나는 시간"이었다는 생각을 하셨다고 했다. 이 건 기적!!~ 25학년 대학 신입생으로 드디어 평생소원이던 학사모 꿈이 이루어졌다. 멘토인 나도 기쁨은 덩달아 같이 감동되고 행복해서 심장이 뛰었다. 주위 모두에게 자랑하고 싶었다. 멘토의 일정은 마무리되었지만, 가끔 전화로 안부를 전하며 도움을 드리고 상담하고 있다.

미술 심리치료 수업에도 강하게 살아오신 모습이 작품에 호랑이처럼 '어흥'하고 무서운 열정이 드러난다. 심리적으로 멈출 수 없는 도전의 꿈이 작품과 글에 많이 보인다. 아마 바쁘게 사시며 묻어 놓았던 한들이 이제 더는 시간이 아까워 표현하신다는 생각이

든다. 수업 시간 쓴 '나의 남편' 시에는 떠나보낸 이별의 그리움으로 절절함이 묻어있다.

"그림 같은 집을 짓고／ 영원히 같이 살자던 그 사람 지금은 곁에 없어요.／ 아주 슬프고 아픕니다.／ 그곳에선 약속하지 마세요."／ (중략)

몇 줄의 처음 써보시는 시지만 그리움의 표현이 깊게 느껴진다. 인생에는 세 번의 기회가 찾아온다고 한다. 마음속에 간직한 꿈을 말하지 않았다면, 이 기회는 지나갔을 것이다. 순간의 말 한마디가 마음과 영혼이 함께 움직여 하늘의 기적이 첫걸음을 뛰어 그 꿈과 연결되어 이루어진 것이 아닐까? 믿는다. 꿈을 잃어버린다는 것은 생명이 소멸하는 것보다 슬픈 일인지도 모른다. 버린 꿈들을 다시 찾으려 끝없이 두드리고 간절하면 없던 용기도 생긴다. 남들은 칠순이 넘은 할머니의 "무모한 꿈이라고 이제 뭘 그렇게까지."라고 생각할지 모른다. 꿈의 적기는 없다고 생각한다. 이제 3월 희망의 봄에 신입생이 되시는 웃는 모습이 기대된다. "축하해요. 파이팅!!" 멘토로서 보람과 행복한 마음에 감사 카드를 써 드렸다. 이제 "학사모 쓴 사진 멋지게 찍어보세요." 꿈에 도전하신 용기가 부럽습니다.

나도 칠순이 코 앞이다. 잠시 눈을 감고 나에게 꿈은 무엇이었을까? 이루지 못한 꿈은 있었는지 자신에게 물어보는 시간을 찾아보았다. 아직 이루지 못한 버킷리스트를 더 늦기 전에 도전의 희망의 닻을 삶의 바다 위에 띄워 보려 한다.

노년은 늦가을 들녘이다. 이제 삶과 시간의 밭에서 추수한 쭉정이를 골라내듯 가려내어 여정의 고난을 거두어보려고 한다. '거둔다'라는 의미는 충분히 자라서 완성되도록 하는 능력일지 모른다. 내게도 묻어놓았던 꿈을 다시 꿀 수 있을까? 행복한 모습의 마지막 사진을 남기고 싶은 꿈을 찾는다.

"사랑하는 S 멘토님 올 대학 신입생으로 맘껏 낭만을 즐기며 사세요. 또 다른 꿈을 꾸세요."

마을 신문 기자의 '행복한 할머니' 자서전

 인생 2막 인생 나눔 교실 멘토링 봉사를 시작하게 되었다. 그 수업에서 '행복한 할머니' 자서전을 쓰신 멘티를 만났다. 미술 심리치료 수업에서 멘티로 사별 후 혼자 사시는 노인 분들의 우울증과 치매 예방을 위한 프로그램이었다. 담당 복지사님께서 8명의 멘티 모집으로 참가하신 노인분들은 연로하셨다. 제일 연로하신 분이 90세 멘티 할머니이셨다. 종합복지관은 오래된 임대아파트로 정부 지원으로 거주하시며 무료 점심의 혜택을 받고 계셨다. 자진해서 지원해 오시는 노인분들은 적었고, 무엇을 하는지도 모르시고 시간 보내시러 오시기도 했다. 아니면 담당 복지사님의 간절한 부탁으로 참석하기도 하셨다.

 인생 나눔 멘토링 수업의 시작은 쉽지 않았다. 나이가 들수록 신체와 건강은 약해지며 70세가 넘으시면 제일 먼저 청력에 이상이 온다. 물론 관절의 노화로 걸음걸이도 불편하시기도 하지만, 더 힘든 건 듣지 못하는 청력의 문제였다. 잘 듣지 못하셔서 수업을

1:1로 곁에서 조금 큰소리로 전달하는 것이 처음엔 쉽지 않았다. 그다음 시간에 결석 하셔서 담당 복지사에게 알아보면 잘 들리지 않아 "바보 같아 보일까 봐." 오기 싫다는 말씀을 전해 듣고 난감하기도 했다. 마음먹고 봉사로 시작한 수업으로 어려움이 있어도 끝까지 도전하기로 했다. 수업 날이면 노인분들이 잘 드시는 음료수와 다과를 준비해 수업 끝나고 담소와 다과를 나누는 시간을 준비했다. 지난주 일어났던 소소한 이야기와 지내시는데, 어려운 점이 있으신지 나누었다. 미술치료 수업 시간이 마침 점심 급식을 찾으러 오는 시간 전이라 복도에서 마주치는 노인분들의 어깨를 만져드리며 수업에 참여하시게 하는 공략도 폈다.

　미술 심리 치료 수업에 참여하시는 멘티 중에 유난히 곱게 입으시고 눈웃음이 많으신 할머니가 계셔 예전에 무엇을 하셨을까? 하는 궁금증이 생겼다. 그림을 도와드리며 여쭤보니 젊으셨을 때 춤을 좋아해 배우셨다고 하셨다. 수업이 끝나고 노래를 불러드리며 춤 자랑을 하시도록 박수를 드렸더니 부끄러워하시며 춤을 보여주셨다. 손끝 동작이 예사롭지 않았고, 몸의 율동도 나비처럼 곱게 펼치시며 춤을 추셨다. 모두 즐거워 손뼉을 쳤다.

　미술 심리 수업에서 그림으로 표현하는 시간이면, "난 나이 들어 눈도 어둡고, 손도 느려 못한다고 엄살을 떠신다." 그러면 색연필의 색을 골라 옆에서 함께 도와드리며 그림을 완성했다. 노인분들에게 이 시간 필요한 것은 치유가 아닌 위안과 위로드리는 시간이라고 생각했다.

멘티 노인분들 중에서 다양하게 인생 여정을 걸어오신 K 멘티 할머니는 특별했다. 수업에 참여하시는 열정도 있으시고 완성하는 작품마다 실력이 월등하게 돋보였다. 할머니는 마을 신문 기자로 활동하시며 쓰신 신문 기사를 보여주시며 자랑하셨다. 13회 진행 수업에 한 번도 결석하지 않으셨다. 종강식에 특별상장을 만들어 드렸더니 너무 좋아하시고 감동하셨다. 어찌나 이야기를 좋아하셔서 그분과 나눈 이야기 중에 '자서전'에 쓴 글과 그림에 많은 공감을 했다. 할머니의 인생 여정에 험난한 일들을 이겨내신 인내와 지혜에 저절로 감동되어 마음이 따뜻해져 칭찬해 드렸다.

K 멘티 할머니는 복지관 '자서전 쓰기' 프로그램에 참여해 책으로 나왔다. 그 자서전 책을 한 권 주셔서 '행복하고 씩씩한 할머니' 인생 이야기를 나도 글로 쓰고 싶었다. 그 자서전 속에서 할머니의 감동적인 문장이나 표현력이 좋은 이야기를 기억하고 싶어서 글에 옮겨 본다.

제목 「행복하고 씩씩한 할머니」 자서전 글 중에서

〈78세에 성공한 할머니〉

일평생 자신을 위해선 아무것도 못 하는 인생길이었다. 그래도 참으로 잘 살아온 나의 길이다. 후회를 남기지 않는 삶이니까… 난 지금 이렇게 그림도 글도 쓰고 있으니 참으로 내가 자랑스럽다. 내 마음 안에 미움도 원망도 담아두지 않으면 모두가 용서된다. 사랑이 고프면 받으려고 하지 말고 주면 된다. 난 그래서 내 삶에 후회가 없는 가장 행복한 할머니다. 지금 내가 많이 신경을 쓰는 건 건강이다. 난 나를 절대 나를 잘 지킬 거니까 게으를 이유가 없다. 난 소중하니까(중략)

〈아픈 시간 들〉

"누구나 이 나이 되면 어려운 세월을 보냈다고 말해요. 그렇지만 아픈 지난 시간은 버려요. 넋두리하지 마세요. 현재와 돌아올 시간이 중요해요. 자신이 가야 할 길을 타인이 정해주는 것이 아니에요. 씩씩하게 살아요. 행복도 내가 찾아요. 기쁨은 항상 내게 머물러 있어요. 난 그렇게 살아왔고 앞으로 그럴 거예요. 사랑을 나누면 자신이 더 행복하답니다." (중략)

〈나를 살게 한 보배 손〉

평소에 난 항상 손을 보며 "감사하다. 감사하다" 말한다. 손을 움직여서 살아온 세월이나 절에 가서 일을 하며 살아온 날들이 생각나면 손을 어루만지며 고맙다 수고했다 칭찬해 준다.

난 이 손이 자랑스럽다. 지금은 나의 보배 손이 신문에 글을 쓰고 있다. 나를 살 수 있도록 일을 열심히 하였고 지금은 누군가를 위로해 주는 글을 쓰게 하는 내 손은 정말 보배 손이다. 아주 고맙고 아주 예쁘고 자랑스러운 손이다. (중략)

〈소담 소담 마을 신문〉 기사 중에서

"조상님들도 기뻐하실 선물 / 밥 한 그릇, 김치 한 접시, 물 한 그릇 이 메뉴가 지금까지 지내온 명절 차례상이었습니다. /

돌아가신 날은 모르니까 명절날만은 깨끗하게 밥 한 그릇, 물 한 그릇 떠 놓고 기도 합니다./ 그런데 복지관에서 주신 음식을 차례상에 올리며 조상님이 기뻐서 미소 지으실 것을 생각하니 감사한 마음에 기도할 때 눈물이 났습니다./ 정성이 가득 담긴 마음이지요. 돌아가신 분들이 어찌 욕심을 내시겠는지요. 생색내지 말고 불만을 말하지 않고 있는 그대로의 마음을 원하실 거로 생각합니다./ 가족이니까 사랑하고 용서하고 이해할 수 있습니다./ 덕분에 풍성한 차례상입니다. 감사합니다."

여기에 옮겨온 글을 읽으면 멘티 할머니의 긍정적 사고와 고난을 헤쳐 가시는 글은 마음으로 큰 감동이 전해온다. K 멘티 할머니는 78세로 건강이 많이 염려된다. 질병으로 여러가지 치료를 받고 계신다. 인생 "100세 시대"라고 한다.

2024년 12월 65세 이상 노인 인구 비율이 20%를 넘어 우리나라도 '초고령사회'로 진입했다는 기사를 보았다. 인구 구조의 급속한 변화는 사회적 경제적 변화가 예상되어 진다. "평균수명은 연장되고 출산율은 하락하면서 노인복지의 사회적 문제는 더욱 시급해질 것이다."라는 생각을 했다.

더욱 할머니는 지인에게 보증을 모르고 서주셔서 신용불량자가 되시어 정부에서 생활비로 나오는 수급까지 압류 받아 고생하실 때 "이렇게 해결했어요." 라는 글은 정말 글 하나로 판사님까지 감동시켜서 재판에서 신용불량자를 벗어 나실 수 있다는 말씀은 마음에 용기를 주었다. 늘 삶에서 위기 때마다 헤쳐 나가시는 그 파장에 큰 파도가 일렁인다.

〈K 할머니 77년 인생길〉 신문 기사 중에서
"할머니는 보증을 모르며 서주어 수급비가 압류되어 찾지 못하고 파산 신청을 했다. 서류와 함께 판사님께 올려야 하는 글에 거짓 없이 "K 할머니의 77년 인생길"이라는 제목으로 15장의 소설 같은 이야기를 솔직하게 써서 그 글을 읽으신 판사님이 한 번의 재판으로 신용불량이라는 판결서를 받고서 꼬리표가 없어졌다. "수급자 할머니의 생활비인 삼십만 원을 뺏은 대가는 무서운 액수의 벌금이었습니다. 그동안 많은 분에게 도움을 받았습니다."라고 기사를 쓰신 것을 읽어보았다.

오늘도 할머니는 수업에 나오셔 열심히 그림을 그리고 색을 칠하신다. 가면을 만드는 시간은 가면을 쓰고 춤을 추어 모두를 즐겁게 해주신다. 흥도 많으시다. 할머니는 화려한 색을 좋아하신다. "내 인생도 화려해 난 화려한 게 좋아하신다." 네 ~ 마구마구 화려하게 그림과 글 속에 표현하세요. 늘 행복한 할머니가 되어주세요. "사랑해요." 어깨를 안아드렸다.

2024. 도란도란 은빛화실 수업

2024. 행복하고 씩씩한 할머니 자서전 그림

S 멘티의 대단한 열정

　미술 심리치료 프로그램을 시작했다. '도란도란 은빛화실'을 시작하며 많은 멘티 노인분을 만나면서 다양한 삶의 모습을 보았다. 사별로 홀로 계시는 노인의 우울증 치료와 치매 예방을 위해 의미를 두고 진행했다. 대부분 70세 넘으신 멘티와 90세의 연장자분도 나오셨다. 첫 수업 시작하는 날 나의 강사 소개를 마치고 "나는 누구인가?"의 각자 멘티들의 소개를 들었다. 그중에 가장 젊어 보이는 멘티의 소개에 자신은 싱글로 사별을 겪지 않았지만, 참여하고 싶어 담당자에게 부탁하여 들어왔다고 했다. 그 멘티만 나보다 나이가 적었고, 모두 70세 넘으신 분들이었다. 그 말을 듣고 자진해 오셔서 아~ S 멘티가 미술 심리치료 프로그램이 필요하셨구나 기억했다. 수업 진행이 시작되며 늘 먼저 나오며 결석하지 않았고, 대단한 열정으로 참여하는 모습에 시간이 갈수록 감사했다. 매시간 완성되는 프로그램의 작품 수준이 진지하고 돋보이기 시작했다. 그 멘티는 배움에 목마른 듯 보였다. 복지관에서 다섯 개의 프로그램에 참여하여 배우고 있었다. 여러 개의 자격증에도 도전해 '종이접기 강사' 자격도 있었다. 재능 기부 차원에서 1일 강사로 멘티들을 위한 종이접기를 프로그램이 끝나면, 잠시 시간 내어서 하도록 부탁드렸는데, 자료와 샘플까지 모두 준비해 오셔서 정성에 깜짝 놀랐다. 열정과 재능이 많아서 돋보이는 멘티였다. 글쓰기도 배우고 있으시기에 숙제로 한 편의 시를 써오시도록 했다. 다음 날 써온 글을 보여 주셨는데 제목이 심상치 않았다.

⟨소주 3병 반⟩
  폐업하면서 집으로 돌아오는 길에/ 소주 한 병을 사 왔습니다.
  살 집 구하러 다니다 집으로 돌아오는 길에/ 소주 한 병을 사 왔습니다.
  둘째 언니 집에 김장하러 갔다가/ 마시다 남은 소주 반병이 있길래 가방에 넣어 집으로 가져왔습니다.
  일기를 쓰다가 슬퍼져서 소주 한 병을 사 왔습니다./ 그렇게 모아 놓은 소주가 3병 반
  이제 술을 마셔야 할 이유를 알았습니다./ 장사를 시작한 지 2개월 만에 문을 닫았습니다.
  월세만 까먹고, 이렇게 해서 부도라는 게 나나 봅니다./
  술. 이. 필. 요. 했. 어. 요. (중략)

주신 글을 읽으면서 그동안 살아오신 고통의 이유가 무엇인지 짐작이 되었다. 소주를 모으시는 의미가 심장 해 '알코올 중독'을 의심하며 걱정했다. 다음에 시간 내어 속마음을 들어보니 먹고 취하는 것이 아닌 잊기 위한 위안을 얻는 소주 '키핑 방법'임을 알았다. 너무 다행스러웠다. 삶에는 참 다양한 이야기들이 있다. 지금까지

내 주위에는 굴곡진 힘든 삶을 살아오지 않은 평범한 일상적인 사람들이 많았다. 교사로 직장이 있었고, 배움의 길도 순탄하게 걸어온 친구들과 지인들이 대부분이었다. 그러나 사별 미술 심리치료에 참여하신 멘티들의 삶의 모습을 어디에서 듣지도 보지도 못한 대단한 아픔을 갖고 꿋꿋하게 살고 계셨다. 그래서 괴테는 "모든 글은 작가의 자서전일 따름이다." 라고 썼을 것 같다. S 멘티는 미술 치료프로그램에 참여하시는 것에 큰 즐거움을 느끼고 계신다. S 멘티의 별칭은 성은이다. 이름이 촌스럽다고 하시며 별칭을 지으셨다.

사별 미술 심리치료 이 시간이 예전 여고 시절의 미술 시간으로 돌아간 듯하다고 좋아하신다. 그 시절에 배우지 못한 새로운 '스크레치 기법' '콜라주 기법' '모자이크 기법' '나뭇잎 찍기'를 배우시며 놀라워하셨다.

1970년 우리나라 경제가 어렵고, 물자가 귀한 시절에 교실에서 미술 시간에 물감을 갖고 오는 학생은 드물었다. 물감 갖고 온 친구 옆에 붙어서 조심스럽게 미술 선생님 눈치 보랴 친구 눈치 보랴 참 싫은 어색한 시간이었다. 지금은 좋은 미술 재료들이 넘치고 풍족하다. 학교에서는 학생들에게 모두 재료를 준비해 준다. 지난 시대를 생각해 보면 우리나라 경제가 좋아지고 풍족함을 느낀다. 수업에 참여하신 멘티들은 제일 어렵고 힘든 50~60년대의 시절을 겪어 오셨다. 그러니 그 시절 없어서 못 해 보던 미술치료 시간이 재미있으셨나라는 느낌이 들었다. 가끔 작품을 그리는 시간이 되면 나는 손에 힘이 없어서, 눈이 잘 안 보여서, 재능이 없어 잘 못한다고 엄살을 먼저 떠신다. 그러면 난 곁에 가서 색을 골라

드리고 옆에서 함께 도와드리며 시간을 끝낸다. 모두 엄살이지 다 끝까지 완성하신다. 그러나 S 멘티는 달랐다. 아주 세심하게 생각하며 열심히 끝까지 마무리하며 작품이 우수했다.

 2024 인생 나눔 교실 〈둥글둥글 인문 한 바퀴 전시〉 콘서트가 한림대학교 캠퍼스에서 그동안 멘티들이 완성한 작품을 전시하는 특별한 기회가 주어졌다. 모두 대학 캠퍼스에서는 처음 가보는 곳으로 즐거워하시며, 대학생들과 함께 어울려 참여하셨다. 본인들의 작품이 전시된 것을 자랑스러워하며 사진을 찍기도 하셨다. 나도 덩달아 신이 나서 현장 체험에 참여해 '무드 등'을 만들어 침대 위에 잘 사용하고 있다. 멘티들도 '무드 등'을 만들며 즐거워하셨다. 이렇게 멘티와 상담도 해드리며 좋은 글과 시를 소개하고 함께 읽으며 마음으로 많이 가까워졌다.

 멘토인 나를 보고 담임선생 같다고 하신다. 내가 가지고 있는 재능만이 아닌 갖고 있는 옷이나 소품도 필요한 멘티에게 나누어 드린다. S 멘티에게 어울리며 필요한 것들을 물어보고 옷이나 스카프를 드렸는데 너무 좋아하셔서 내 마음도 덩달아 좋았다.
 배움의 열정으로 한림전문대 ACE 인재융합학부(야간)에 수시 합격했지만, 사정이 생겨 안타깝게 입학을 포기했다. 15차시를 마지막으로 멘토 링을 끝내며, 나는 향기로운 '국화꽃 차'와 다과를 준비해 종강 파티를 했다. 마지막으로 한 분 한 분에게 카드를 써서 드렸다. S 멘티에게는 열정적인 모습과 결석을 하지 않아 칭찬의 상장을 만들어 드렸다. 오우~ 인생에서 처음 받아보는 상장이라고 즐거워하셨다. 프로그램을 끝내고 카톡으로 영상을 보내왔다.

그동안 수업하면서 찍어 놓은 '도란도란 은빛화실'이란 제목의 짧은 영상이었다. 보면서 난 벅차올라 눈물이 났다. 그 영상의 글과 내용은 최고였다. 나눔과 수업에서 멘티들과 나눈 이야기는 배움을 통해 얻은 것이 너무나 많다. 모두에게 자랑하고 싶었다. 마지막 인생 나눔 교실 성과 보고회에서 참여한 멘토들 앞에서 'S 멘티의 영상'을 보여 주었다. S멘티 영상의 글 내용을 적어본다.

 "늘 월요일 밤이면 설렜다. 화요일 오전, 은빛화실 수업 때문에 설렌다. 돌이켜 생각해 보면 여고 졸업 후 처음인 것 같다. 그 시절에도 미술 시간을 좋아했지만, 40여 년이 지난 이후 다시 배워보니 재미가 장난 아니었다. 멘토님의 도움으로 도자기도 만들어 보고, 떨어진 낙엽도 주워 모아 작품도 만들어 보고, 남은 낙엽들을 잘 말려서 지인에게 선물로 쫙 돌리기도 했다. 무엇보다 가장 좋은 시간은 멘토님의 아름다운 시 낭송과 좋은 생각들을 끊임없이 들려주셨던 시간이었다. 그러던 어느 날 운명의 시간이 찾아왔다. 멘토님의 찰나의 말 한마디에 마음과 영혼이 함께 반응했고, 그날 나는 2025학년도 한림성심대학교 수시 1차 모집에 지원했고, 10월 31일 합격을 통보받았다. 내 삶에서 가장 빛나는 시간이었다. 어쩌면 우리 인연이 여기서 끝일 것 같지만, 이 영상을 만들면서 나는 계속해서 이 말이 생각났다. 모든 것은 연결이 되어 있어 미래에 어떤 일이 생기는 것도 과거의 어딘가에 그 계기가 있었기에 가능한 것이라고 나는 세상에 태어나서 처음으로 표창장을 받았다. 내 인생에 던져진 이 작은 상장이 내 심장에 박혔고, 그날 이후 내 인생의 목표가 달라졌다."

 이 글 속의 S 멘티의 마음이 정말 고맙고 아름다워서 감동되었다.

열심히 배우던 엑셀 1급 자격증 도전에도 합격했다고 카톡이 왔다. 1월 시간을 내어 굴밥 맛집에서 식사하고 차를 마시며 축하해드리고 헤어졌다. 가끔 안부를 묻는다. S 멘티 덕분에 즐거웠고 보람되었어요.

"그 열정 앞으로 쉬지 말고 밀고 나가면 성공의 문이 열릴 거예요."
앞으로 행복한 시간으로 많이 채워보세요.

인생 후반 '미술 심리치료' 재능기부의 즐거움

중등 미술 교사로 40여 년 동안 학생들을 가르치다 2년 전에 퇴임했다. 봉사해야겠다는 마음을 갖고 퇴임 후 공무원 강원연금공단 상록봉사단에 등록하였다. 그 후 희망 리본 사회공헌 담당자로부터 미술 심리치료 재능기부를 의뢰받았다. 사회공헌 재능기부를 거두리 '큰골 꿈 자람 나눔터' 지역아동센터에서 미술 심리치료를 2년째 하고 있다.

현직에 있을 때 청소년적십자 지도교사를 10년 봉사를 한 경험과 '미술심리 상담사 1급' '상담교사 2급' 자격이 있어 미술 심리치료 재능기부 봉사를 할 수 있게 되었다.

규칙적인 출근이 아닌 화요일과 목요일이 되면 '꿈 자람 나눔터'에 미술 심리치료 봉사를 하러 간다. 초등 저학년 학생들이 학교에 잘 적응할 수 있도록 방과 후 돌봄 어린이에게 미술 심리치료를 지도하는 재능봉사다. 20명 남짓 되는 아이들을 대상으로 4시간 동안 미술치료 지도는 힘들기도 하지만, 순수하고 깨끗한 모습의 아이들로부터 힐링 에너지를 얻는 것도 봉사의 즐거움과 뿌듯함이 있다. 다른 사람을 위해 봉사하는 일이 결국에는 나를 치유하고 이것이 봉사자의 목적이고 봉사에서 얻어지는 힘일 것이다.

 미술 심리치료는 저학년 아이들의 성격과 심리를 알아보는 데 매우 중요한 상담 프로그램이다. 글쓰기나 말하기 등을 어려워하는 저학년에서 그림으로 표현하는 심리치료이다.
 미술 심리치료에서는 아이들이 표현하고자 하는 것을 마음껏 그림으로 표현해 보도록 하지만 때론 'H.T.P'를 통한 성격과 정서적 안정감과 태도를 위한 검사도 한다. 이 검사는 아이들이 자유롭게 집, 나무, 사람 그림을 통해 심리적 문제점을 파악해 보는 일반적인 검사방법이다. 아이들의 정서적 균형과 자존감을 회복시켜 주는 데 많은 도움을 준다. '꿈 자람 나눔터' 지역아동센터에는 미술 심리치료가 필요한 아이들도 있지만 주로 방과 후 돌봄이 필요한 초등학교 아이들이 머문다. 이곳은 돌봄 지원을 겸하고 있어 맞벌이 부모들이 직장 일로 귀가 후 돌볼 수 없는 아이들과 저소득 지원 가정. 다문화가정이나 소외계층 아이들이 우선 모집되어 운영되어 지고 있었다.

 미술 심리치료는 학교에서 적응이 힘들어 자기 만족감이 낮은 아이들에게 내적인 성장이 되도록 도움을 주기도 한다. 또 적극적인 표현으로 학습 적응력이 높아질 수 있게 많은 도움을 준다.
 자아 만족감이 낮은 아이들은 소극적이며 열등감으로 용기가 부족해 부정적인 자존감을 높여주어야 한다. 요즘은 스마트폰과 게임에만 관심을 두고 다른 것에는 흥미가 없고 배우기를 싫어한다.

이러한 정서적인 문제를 미술 심리치료를 통해서 자신에 대한 긍정적인 꿈과 희망을 돕고자 재능봉사 미술심리치료를 시작하게 되었다.

　기본 재료만 센터에서 구매해 주고 더 필요한 재료는 사비를 들여 내가 준비한다. 어린이들이라 기분을 좋게 관심을 끌고자 간단한 음료 요구르트 사탕 등 간식을 준비해서 간다.
　미술치료 프로그램에서 '자신의 꿈 그리기' 수업은 자신의 꿈을 그리며 도전의 용기를 갖도록 한다. 김 00은 하고 싶은 꿈이 많아 무엇을 그릴지 힘들다고 했지만, 요리사를 멋지게 그려 칭찬해 주었다. 친구들 앞에서 자신의 꿈을 말하면서 친구의 마음도 알게 되어 친해지는 관계의 시간이 되었다. 대화나 발표력이 부족한 아이들에게 색연필과 사인펜으로 마음껏 표현할 수 있는 미술치료의 장점이 있다. 적응이 되어 친해지면 친구들과 함께 즐거워하며 다른 친구 그림에 대해 참견하고 평가하기도 하며 수업이 소란스럽지만 즐겁게 보낸다.
　'가면 그리기 놀이'는 매우 흥미 있어 하며 완성 후에 가면을 쓰고 놀이를 하며 스트레스를 풀기도 하는 흥미 있는 시간이 된다. '만다라 그리기'는 정서가 불안정한 아이들에게 차분하게 자신을 집중하게 만드는 힐링 프로그램 시간이다. '웅덩이 구조 그리기'를 그려보면 자신이 어려운 일에 처했을 때 누가 구해줄지 가족관계에서 부모님과의 친밀감과 친구들 믿음의 관계도 알 수 있는 시간이 되었다.

　이 프로그램을 할 때 늘 조용한 모습과 웃지 않는 무표정한 아이의 입에서 '조손가정'이라는 말을 했다. 아이가 쓰는 단어가 아니라 조금 놀랐다. 담임선생님의 말씀을 듣고 따라하는 소리에 씁쓸하고 안타까웠다. 엄마들이 살기 좋은 도시를 위한 춘천 아동 복지 정책으로 퇴계동과 석사동에 돌봄 나눔터가 두 군데 더 개소하여 6월부터 퇴계 '꿈 드림 나눔터'에도 미술 심리치료 재능기부를 시작하고 있다. 요즘은 인생 2막을 노년이 아닌 '신중년'이라고 한다. 우리나라 '신중년' 5060세대가 생산 인구의 1/3을 차지하고 있으며 고령화 시대로 들어섰다. '신중년'이란 단어는 활력 있는 생활이라는 긍정적인 의미를 담고 있다. 이 프로그램도 '사회공헌 신중년 봉사'로 시작되었다.

　처음 시작보다 훌쩍 커가는 아이들을 따뜻한 마음으로 품어주려고 한다. 미술 심리치료를 통해 아이들이 상처받거나 소외되지 않도록 건강하게 성장하도록 도와주고 싶어 시간을 내어 재능기부 봉사를 한다. 재능은 혼자 가지는 것이 아니라 나누었을 때 비로소 행복감을 느낄 수 있다는 것을 알 수 있는 시간이었다.
　봉사는 주는 것이 아니라 함께 나누고 얻는 것임을 재능기부를 통해 얻게 되었다. 봉사는 나눔을 실천한다는 점에서도 의미가 크지만, 한편으로는 자신의 잠재 능력을 계발하고 퇴임 후 자아실현과 재능의 경력을 나누려고 사회공헌 봉사에 참여하게 되었다.
　앞으로 은퇴 후반기를, 열정을 가지고 미술 심리치료 봉사를 계속하리라 약속해 본다.

(2020년 공무원연금공단 퇴직공무원 사회공헌활동 수기공모전 장려상)

사월, 벚꽃길을 걸으며

 사월, 벚꽃은 봄의 왕관처럼 빛난다. 벚꽃은 어떤 색일까? 연분홍, 진분홍, 살구색, 흰색으로 다양하게 피어서 궁금하다. 벚꽃 색깔의 비밀이 안토시아닌이란 식물의 세포액에 존재하는 색소의 특성에 따라 달라진다고 한다. 공지천 둑길 벚꽃은 연분홍색이다. 벚꽃의 색깔은 단순히 아름다움을 더할 뿐만 아니라 꽃의 건강을 나타내는 지표도 된다는 의미를 알았다.

 아침 눈뜨면 거실로 나와 창문으로 공지천 둑길 멀리 벚꽃이 핀 꽃길을 바라본다. 연분홍색에서 더 이상 머무르지 못하고 흰 솜사탕처럼 부풀어 수없는 왕관을 쓴 모습이다. 낙화하기 전 마지막 연분홍에서 더 흰 살구색 빛깔로 보인다. 봄의 이별을 알리는 듯 바람에 꽃잎은 유혹의 숨결로 서로 감싸고 버티며 향기를 나튼다.
 주말 지나면 더 못 볼까? 아쉬워 벚꽃길 마중을 나갔다. 올해 유난히 더 탐스럽게 공지천 둑길에 연분홍 벚꽃길 터널이 생겼다. 평일 오전임에도 벚꽃이 질까 아쉬워 꽃구경 나온 사람이 많다. 유치원 아이들도 꽃구경 나들이로 벚꽃 터널에 아장아장 꽃송이처럼 서로서로 손을 잡고 걷는 모습을 바라보았다. 선생님 손을 잡고 나온 아이들은 벚꽃의 아름다움을 알기나 할까. 선생님 구령에 실려 아이들은 꽃 앞에서 사진을 찍는다. 커서 기억이나 할까?

　거실 창문에서 내려다보는 소양강 호수에 담기는 벚꽃은 사월에 매일 보는 풍경이다. 창문으로 호수 연분홍 벚꽃 풍경을 보고 하루를 시작한다. 덤으로 얻어지는 아침 행복한 즐거움이다. 이제 사월 초순을 지나 완연한 봄이 온 듯하다. 삼악산자락 멀리 나무에 새순이 돋아 여릿한 연두색은 초록 생명으로 가기 위한 준비처럼 보인다. 멀리 진해 벚꽃은 못 보지만 공지천 둑길 벚꽃 터널을 혼자서 걸었다. 벚꽃이 너무 탐스러워 사진도 찍어 친구들에게 카톡으로 보냈다. 친구들은 춘천을 떠나 각자 다른 곳에서 산다. 그 친구들에게 공지천은 대학 시절 청춘의 꿈이 피었던 곳이라 추억들이 많이 남아있다. 데이트하며 오리배를 타고 호수를 저어 가며 마음을 주고받는 설렘이 있었다. 이제 다 흘러간 청춘을 기억하며 걷는 공지천 벚꽃길은 아련함과 그리움이 밀려온다. 소양강 호수 물결은 햇살에 비쳐 윤슬이 되어 눈부시다. 소양강 흔들리는 물비늘을 한참 서서 바라본다. 서로 바람에 밀리며 흐르는 물살은 흩어지지 않으려 강물은, 또 속으로 흐름을 지키는 모습을 멀리서 바라본다.

　삶이 애쓴다고 행복해지는 것도 아닌데, 사는 세월을 더듬어 머릿속 무게를 덜어낸다. 벚꽃이 피는 사월 봄이 오면 나가서 꽃길을 걷고 싶어진다. 벚꽃은 무리를 지어있어야 돋보이고 예쁘다. 벚꽃은 활짝 피어야 신부의 흰 웨딩드레스처럼 화려해 보인다.

벚꽃은 꽃잎이 질지라도 꽃망울들은 서로서로 품어가며 속삭인다. 벚꽃이 연분홍색으로 물들면 사랑이 이루어질 듯 꽃구름 하늘 위를 나르는 마음이다.

누구와 함께 걸었던 벚꽃 길이 먼저 기억이 날까? 내 봄을 채워준 벚꽃길은 언제 누구와 걸었던 길이었을까. 벚꽃길을 걸으며 그의 손을 잡아 보려고 가슴 두근거리며 설렜을까.

벚꽃이 핀 둑길을 걸으며 숨소리 낮추며 그리움에 마음으로 노래를 불러본다. "봄바람 휘날리며 흩날리는 벚꽃잎이 울려 퍼질 거리를 우리 둘이 함께 걸어요." '벚꽃 엔딩' 노래 가사처럼 사월의 봄축제에 어울린다. 벚꽃길에서 청춘 시절 누군가의 손을 잡아주지 못했을까 하는 그리움은 아쉬움으로 남는다. 올해 벚꽃을 못 보고 떠난 후배 그녀가 생각난다. 지난해 함께 벚꽃 구경하고 커피도 마셨는데, 갑작스레 떠난 그녀를 다시 볼 수 없다. 오늘 걷는 공지천 벚꽃길을 앞으로 몇 번 더 걸어 볼 수 있을지.

소양강물은 잔잔히 흘러가는데, 가슴에 소리 없이 찾아와 눕는 숨결은 사랑이라고 대답을 기다린다. 봄이 오면 나도 벚꽃이 되어 꽃향기로 멀리 날아 보고 싶다. 연분홍 꽃잎을 입에 물고 사랑을 받아보고 싶다. 공지천 사월, 벚꽃이 활짝 핀 둑길을 걸으며 꽃처럼 하늘로 새가 되어 날아가고 싶다.

두 눈을 잠시 감고서 먼 하늘로 스무 살에 간직한 꿈을 찾아 오늘 하루는 벚꽃이 되어 보았다. 연분홍빛 꽃이 되어 향기로 바람에 실려 행복해진다. 가지 위 매달린 꽃송이 손에 한 아름 연분홍 벚꽃 부케를 만들고 싶어진다.

유월엔 수국꽃이 핀다

　수국꽃은 유월에 피기 시작한다. 인문학 수업에서 "자신에게 꽃을 선물하고, 사진과 느낀 감정을 적어 보기" 과제가 있었다. 나에게 선물하려고 늦은 저녁 꽃가게로 갔다. 안에는 색색의 화려한 장미꽃과 안개꽃 하얀 아이리스가 보였다. 그보다 귀퉁이에 숨어 있는 흰 수국꽃에 시선이 끌렸다. 두 송이를 사서 투명한 유리병에 흰 수국꽃을 식탁 위에 놓고 사진을 찍었다. "새하얀 모습의 수국꽃인데~ 꽃말은 변심, 변덕이라고~" 정말 반전입니다.!!! 꽃 사진과 함께 카톡에 글을 올렸다. "작은 꽃잎들이 예쁘고 순수하여서 변심이라 한들 '흰 수국꽃' 마음에 꽂고 향기로 변 덕쯤이야.~~" 라고 올렸다. 바로 "선생님 수국꽃 향한 마음도 한 편의 시네요." 답이 올라왔다. 꽃들의 선물 사진과 마음 따뜻해지는 글들로 카톡은 꽃 선물 카페로 변했다.

　이전에는 수국꽃이 그리 눈에 띄지 않았다. 나에게 꽃을 선물로 준 이후 마음이 끌렸다. 수국꽃은 흰색과 연보라색이 있다. 작은 꽃망울들이 서로 어울려 모여 꽃다발처럼 보인다. 향기는 날 듯 말 듯 은은하고 여리여리해서 부담이 없다. 꽃 모양이 초롱 같은 화관 모양인데, 부처님 머리를 닮아 '불두화'라는 또 다른 이름에는 거북하고 아쉬운 마음이 생겼다.

유월이면 흔하게 수국꽃이 피기 시작한다. 올해는 유난히 마음이 편하지 않다. 꽃이 피면 마음 설레었는데, 활짝 피어 살포시 고개 숙인 수국꽃을 보면서 마음이 무겁고 서글퍼진다. 너무 갑작스러운 친구의 시한부 투병 소식 때문이다.

대학부터 40년의 인생을 함께한 소중한 친구다. 수국꽃을 친구도 좋아한다. 친구는 순수하고 초롱 거리며 꽃을 엮어 다발을 이루면 얼굴과 향기는 수국꽃과 닮았다. 작은 체구에서도 단아하며 순수하고 마음이 커서 배려의 아이콘으로 불린다. 유월 수국꽃 소식보다 친구의 입원 소식이 먼저 전해왔다. 별 의심 없이 치료하면 회복할 것으로 카톡에 별걱정 없이 "잘 치료받아." 라고 문자를 보냈다. 그러나 결과는 '아닌 밤중에 홍두깨' '마른하늘에 날벼락' 허공 메아리로 거짓말처럼 머리가 하얗게 빈 상태로 공황이 찾아와 가슴이 뛰며 어지럽고 숨을 참기 힘들었다. 이 상황은 현실 감각이 마비되어 부질없이 참담하게 느껴졌다. 수국꽃을 좋아한 친구는 꽃이 피기 시작하는데, 꽃말처럼 갑자기 약속 없이 나에게 '변심. 변절'했다. 그저 망연자실해진다.

한 달 전 오월 스페인 여행도 친구와 함께 다녀왔다. 여행하면서 고관절의 통증과 허리 고통으로 걷는 것이 힘들어 내 손을 잡고 다녔다. 조금 무리해서 약속을 깨지 않으려 스페인 여행에 용기를 냈었다. 여행 다녀와 입원 사흘 후 믿어지지 않는 담담한 마음 아픈 메시지가 왔다.

"하염없이 눈물이 나더라. 미련 없이 갈 수 있겠더라. 끝없이 이어지는 인생사"라고 왔다. "의사는 가족에게 2개월 시한이라고 했다."라고 딸이 전해왔다. 면회도 어려운 '중환자실'로 바로 찾아갔다. 침대 위 머리에 흰 망사 붕대를 휘감고 누워 있었다. 나를 쳐다보고 '고마워'라는 작은 소리로 말을 한 뒤 힘없이 다시 눈을 감는다. 머리에 '흰 수국꽃다발'이 아닌 '하얀 거즈 망사' 모자를 쓰고 있었다. 뒤돌아서 소리 없이 울었다. 친구의 얼굴에 흘러내리는 눈물도 닦아 주었다.

인생이 뭘까? 기적은 있을까? 운명일까? 산다는 건 무엇이며, 죽음은 어떻게 맞이해야 하는지. 아직은 두렵고 어렵다. 잃는 것이 두려워서 미루는 것이 생명일 것이다. 늘 방어하는 죽음이 불쑥 약속 없이 찾아온다는 진실도 낯설다. 그 준비되지 않은 길은 생각해 볼 겨를도 없는 틈을 비집고 찾아와 원망스럽다.

지금 정원에는 가득 수국꽃이 피기 시작하는데…

수국꽃 향기 같은 친구는 하늘로 별빛당에 세례명인 로사의 이름을 남기고 갑자기 하늘의 별이 되어 떠났다. 좋아하는 흰 수국꽃 다발을 친구의 손에 쥐여주지 못했다. 떠난 친구가 좋아하는 수국꽃을 앞으로 행복하게 더 볼 수 없어서 두렵고 서글퍼진다. 눈물 그것도 마음속 눈물이지 눈 속 눈물은 아쉬워 흐르지도 못한다.

시월의 어느 멋진 날에

　시월 하늘이 맑다. 가을 시작의 높은 하늘이 보여 마음이 구름처럼 뜬다. 아침에 일어나 먼저 습관처럼 창문을 연다. 계절과 날씨에 따라 창밖에 그려주는 삼악산은 푸른 보랏빛 햇살로 비친다. 그 밑으로 멀리 소양강에 뿌려지는 안개와 공지천 호수는 더 가까이 아침 시작의 설렘을 기다려 준다. 21층에서 내려다보이는 내 소유의 정원들이 매일 선물처럼 펼쳐 보여주는 풍경들이다. 오늘도 가을 아침 창으로 보이는 풍경은 사랑 가득하다. 잠시 취해 문득 "시월의 어느 멋진 날에" 노래가 들려오는 듯하다. "더는 소원 없어 바램은 죄가 될 테니까"의 가사에 살아가는 이유를, 꿈을 꾸어 본다.

　오늘은 동아리 야외 학습으로 춘천 박물관 '이건희 특별전 전시회'를 보러 갔다. 초등학교 시절 가을소풍 같은 추억이 살아나 마음이 들뜬다. 어릴 적 소풍은 학교가 아닌 근처 야외로 나갈 수 있는 날이다. 또 엄마가 아침부터 분주하게 김밥을 싸시고 간식과 사이다를 챙겨주시는 유일한 날이기 때문에 설레며 기다려지는 소풍날이었다. 동아리 야외수업이 마치 어릴 적 가을소풍 같은 설렘이 든다. 나이 들어도 추억 같은 동심은 잊히지 않고 문득 찾아오는 듯하다.

"어느 수집가의 강원 별장으로 초대합니다." 이건희 소장품 특별 전시를 보기 위한 야외수업이다. 누군가의 이름을 단 소장전으로 특별하게 볼 수 있어 뜻깊다. 특히 소장전에 모아 놓은 수집품을 보면 그의 공과 노력이 보여 더욱더 감동적이다. 소장하려면 돈은 물론 필요하지만, 그보다 소장가의 남다른 가치관과 문화재를 사랑하는 열정이 필요할 것이다. 전시 작품 사이를 거닐며 연결되는 시대의 정취를 찾는 즐거움과 행복한 공간이 소중해졌다. '이건희 특별전'은 자연, 사람, 물건의 어우러진 만남이 새로운 생각을 하도록 전시되었다. 전시장 "작은 소반 위에 놓은 백자의 찻잔에 수집가의 마음을 담아 차 한잔을 대접합니다."라는 글을 읽으며 귀한 차를 선물로 대접 받아보는 손님으로 초대된 듯 설렜다.

'피금정도' 강세황 그림 앞에서는 강가에 늘어선 나무 정자 사이로 보이는 정자 위에서 물길에서 실려 오는 강바람이 불어오는 듯하다. '피금정'의 뜻이 "옷깃을 풀어 헤치게 하는 정자"라는 뜻이란걸 설명을 보고 알았다.
'범종'의 전시는 벽면 뒤로 음악과 함께 배경에서 영혼을 깨우는 종소리와 염원을 담아 전하는 마음이 느껴져 신비롭고 경외감이 느껴졌다. 그 시절 화가는 "단념하지 않는 붓질로 완벽한 선을 찾아갑니다"라고 전시 벽면에 적힌 글 앞에서 많은 생각이 들었다. 백자 '달항아리'는 어느 곳에서 보이든 도자기의 궁극적인 최고의 형과 색과 어울림의 지향점인듯해 고고함이 느껴진다. 달항아리 백자는 "달빛에 취한다"라는 표현이 어울릴지 모른다.

정선의 '인왕제색도'는 내일까지 마지막 전시이다. 정선의 그림은 진한 먹을 묻혀 붓을 쓱쓱 그어 내려 농담을 표현한 치마바위는 화가의 강한 마음이 보인다. 먹빛 어두운 붓 자국에는 화가의 거침없는 필력의 느낌도 살아나 보였다.

특별전으로 '창령사 터 오백나한' 전시가 함께 열렸다. 강원도 창령사 절터에서 발견되었다고 한다. 중생의 희로애락이 담겨 있는 친근한 얼굴과 편안한 모습을 한 나한상이다. 나한은 '아라한'의 줄임말로 살적(殺賊), 응공(應供) 응진(應眞)이라고 한다. 풀이를 하면 부처님의 가르침을 듣고 마음을 다해 수행하여 아무 괴로움도 없는 최고의 경지에 도달한 불제자를 말한다. 오백나한의 친근한 얼굴상에서 내 모습을 닮은 얼굴을 찾아보기로 했다. '생각에 잠긴 나한', '깨달은 수행자 나한' '해탈로 해학적인 표정 나한'의 군상에서 내 표정을 닮은 나한상을 찾을 수 있을까? 편안하게 생각에 잠긴 나한상 앞에 멈추어 서서 한참을 바라보았다. '무념무상'이란? 이런 순간에 오는 것일 듯싶다.

동아리 야외수업에 박물관 멋진 숲 '기억의 정원'에서 사진도 찍으며 모처럼 즐거웠다. 상을 탄 회원의 한 턱으로 쏜 '카페 라테'의 맛은 더없이 낭만적이다. 테이블 앞자리 구순의 최 작가님이 커피에 7개의 설탕을 타서 드시며 아직도 달지 않다고 하셔 모두 깜짝 놀랐다. 속으로 나이 들면 입맛도 늙어 맛을 느끼지 못하는 것 같은 서글픈 기분이 잠시 들었다. 다음부터 모두 최 작가를 "슈가 보이"

라고 부르기로 했다. 테이블 위 7개의 뜯어진 설탕 봉지를 보고 많이 웃으며 걱정했다. 굳이 설탕이 몸에 좋지 않다고 눈치를 볼 것도 몸에 해롭다고 절제할 필요도 없는 나이 먹어 사는 이유 있는 고집일 것이다. 함께 도란도란 가을 기억의 정원 숲에서 작은 오솔길을 산책하며 시월의 멋진 날이 되어 행복하다.

'공지천 재즈 페스타'가 열려 '도시바람 길 숲'에 나와 저녁에 산책로를 걸었다. 가을 노을 아래 울려 퍼지는 재즈의 선율을 듣고 싶었다. 시월의 걷는 길이 가벼웠다. 모처럼 가을바람으로 선선하다. 재즈는 자유를 뜻하며 즉흥 연주로 그날 그 기분에 맞게 어울리는 목소리로 부른다. 스윙 재즈 반주에 당김음을 통해 듣는 사람은 노래로 그네를 타는 듯한 리듬으로 들린다. 감상하는 사람까지 분위기에 취하게 하는 매력이 있어 좋아한다. 공지천 재즈 페스타 공연에 '집 섬'의 밴드에 베이스 기타 소리가 너무 좋다. '하늘 섬'의 그 말보다 "스카이 아일랜드"라고 말하는 재즈 가수의 말이 더 낭만적으로 들린다. 가을 하늘에 종달새의 노래처럼 가사가 들려온다.

재즈의 맛인가? 어스름 어둠이 내리는 공지천에서 눈을 감고 들으니 더 마음에 들어와 흐른다. 재즈 페스타 공연 연주에서 시월 가을밤을 촉촉이 적신다. 경쾌한 리듬을 자꾸 듣다 보면 서글픔의 밑바닥에서 아련함이 느껴진다. 때론 선율이 몽환적이다.

재즈의 선율은 내 마음 깊이 소울로 영혼을 흔들어 준다.

오늘은 꽉 찬 시월의 하루다. 행복감과 가을의 낭만이 촉촉하게 느껴진다. 호수 도시바람 길 숲에 가을이 오는 길목에서 시월 어느 멋진 하루가 지나간다.

당신은 글을 쓰는 대신 무엇을 하는가?

『내 삶의 이야기 쓰는 법』은 '낸시 슬로님 애러니'의 자전적 에세이다. 이 책에는 '내 삶의 이야기를 쓰는 법'이 있고 장마다 끝에 작가의 글쓰기를 위한 '길잡이'가 있다. 이 중에서 선택하여 글을 써보는 시간이었다. 여러 개 주제 중에서 "당신은 글을 쓰는 대신 무엇을 하는가?"를 선택했다.

지금은 더 이상 시간표에 길이 들여진 바쁜 삶에서 벗어났다. 하루를 자유스럽게 책을 보며 글을 쓰는 여유도 있다. 인생에도 계절이 있다고 느낀다. 예순을 지난 세월을 계절로 비유하면 가을일 것이다. 열매를 맺고 추수를 하는 풍요로움과 낙엽과 단풍이 있어 왠지 외로움이 느껴지는 계절이다. 노년의 계절이 가을보다는 늦봄처럼 살고 싶다는 생각을 했다. 음악으로 비유하면 '봄의 교향악'이 떠오른다. 여고 시절 음악 시간에 선생님의 피아노 반주에 맞추어 눈 감고 불렀던 가사가 기억난다. 제목은 '동무 생각'일 것이다.

"봄의 교향악이 울려 퍼지는 청라언덕 위에 백합 필 적에
나는 흰나리 꽃 향내 맡으며 너를 위해 노래 노래 부른다."
　이런 노래 가사이다. 늦봄은 마음이 따뜻해지고 아지랑이처럼 피어오르는 추억이 남고, 봄꽃들이 다 지고 난 늦봄이었으면 하는 생각을 했다.

　"당신이 글을 쓰는 대신 무엇을 하는가?"의 주제에서 글을 쓰는 대신 하고 싶은 것은 노래 부르기다. 글은 일상에서 생겨나는 이야기를 쓰는 것을 글쓰기라고 한다면 노래는 일상에서 흥겨워서 기분 좋아 부르는 소리일 것이다. TV를 틀면 거의 음악프로들이 많다. 예능에서 시청률이 가장 높은 프로가 '미스터 트롯'이었다고 한다. 트로트라는 노래는 인생에서 삶의 애수와 한을 잘 표현하여 마음을 움직이게 한다.

　노래를 부르고 싶다고 내가 노래를 잘 부르는 것은 아니다. 고음과 박자는 못 맞추지만 깊은 감성의 소울은 살릴 수 있다. 보통 전화나 마이크를 통한 내 목소리가 좋다는 소리를 듣는다. 음성이 크고, 발음이 정확하고, 톤이 낮아서 좋게 들리는 것 같다. 직장생활 할 때에는 행사에 사회를 많이 보았다.
　내 목소리는 크다. 이건 단점이 되기도 했다. 여자의 목소리가 크면 별로 좋아하지 않는다. 반면에 목소리가 작은 사람이 나는 답답해 보인다.
　글쓰기가 더 나은 삶을 살기 위한 것이라면, 노래는 더 즐거운 삶을 사는 것일 것이다. 나 자신을 위해서 노래를 부르고 싶은 날이 있다. 그저 입에서 나오는 흐름대로 흥얼거리며 부르고 싶다.

글쓰기는 생각보다 힘이 들고 어렵다. 노래는 생각보다 인생이 풍요로워질 것 같다. 노래를 잘 부르는 사람을 좋아하고 부러워한다. 여고 시절 기타 치며 노래 부르는 남자를 무조건 좋아했던 때도 있었다. 이제 나이 들어서 노래가 인생 가사처럼 들리기도 한다. 요즘 MZ 세대의 'BTS' 노래가 유명하고 인기가 있고 열성팬이 많지만, 난 마음에 와닿지 않는다. 흥이 나서 몸이 흔드는 게 아닌 빠른 박자를 맞추기 위한 몸의 움직임처럼 느껴져 흥겨움이 느껴지지 않는다.

재즈풍의 음악을 좋아한다. 재즈 가수 '윤희정'의 노래를 들으면 내 마음을 훔치는 소리로 들려 매력에 홀린다. 날씨 좋은 날, 카페 창가에 앉아 재즈 음악을 듣는다면, 그 순간 더할 나위 없이 행복해진다. 가수의 깊은 음성, 서정적 가사가, 반주의 리듬이 재즈의 매력을 더한다. 누구도 건드리지 못하는 내 마음을 재즈 노래로 영혼까지 위안을 받는다.

글은 그림이 될 수 있다. 그러나 노래는 뮤지컬이 될 수 있다.

그림은 나무를 그려도 산이 들어가도 풍경화는 화면속에서 평면적이다. 노래는 가사가 부르는 사람의 목소리가 무대 위에 공간에 올려져서 관객에게 축제의 드라마가 되고 오페라로 보여준다.

글은 생각으로 나타나지만, 노래는 몸속에서 감정의 소리로 마음속에 깊은곳까지 끌어올려 나타난다. 그래서 글을 쓰는 대신 위로 받고 싶은 날에는 노래를 부르고 싶어진다.

직장을 다닐 때 회식하고 나면 2차로 노래방에 간다. 노래방에서 내 모습은 돌변한다. 일상에서는 무게감 있고, 점잖은 듯 조용하고, 묵묵하게 지내지만, 노래방에서는 다 벗어던지고 미친 듯 꼴값을 떤다. 술을 마시면 불편해서 술을 마시지 않고 맨정신으로 떠는 꼴값이다. 머리띠를 휴지로 만들어 쓰기도, 탁자나 의자에 올라가 몸을 흔들기도 한다. 이 모습을 처음 보는 사람은 적응이 안 되어서 무척 당황하고 놀란다.

노래방에서만큼은 잠시 나를 벗어나 즐긴다. 그렇게 벗어날 수 있는 공간이 노래방이었다. 퇴임하고 코로나 팬데믹으로 노래방을 못 간 지 4년이 되었다. 노래가 부르고 싶어 노래교실에 들어갔지만, 흥이 나게 부를 수 없어 한 달 채우고 끝냈다.

노래방에서 단골 18번 노래는 '현미의 밤안개'이고 좋아하는 노래는 '노사연의 만남'이다. 전에는 트로트의 노래가 좋은지 몰랐다. 최근 '나훈아' 가수의 단독 공연, 방송을 보며 '테스형'이란 자작곡 노래를 듣고 뭉클했다. 천재이다! 그런 가사가 나올 수 있을까? 너무도 진솔한 가사이며 인생 살아가는데 모두에게 느껴지는 삶의 질문이라 이 노래를 들으면 숨이 턱 막힌다. 나도 먼저 떠난 테스형에게 물어보고 싶다.

"아 테스형 세상이 왜 이래 왜 이렇게 힘들어
아 테스형! 소크라테스형 사랑은 또 왜 이래
너 자신을 알라며 툭 내뱉고 간 말을
내가 어찌 알겠소 모르겠소. 테스형"

"울 아버지 산소에 제비꽃이 피었다.
들국화도 수줍어 샛노랗게 웃는다." (중략)

"먼저가본 저세상 어떤가요. 테스형
가보니까 천국은 있던가요. 테스형"

트로트만의 매력이다. 나훈아의 철학이 담긴 노래라 감동으로 가슴이 울렁거린다.

퇴임하고 시간이 나면 무엇을 하고 싶은가? 생각했을 때 시간이 없어 좋아하던 책을 마음껏 읽고, 써 보고 싶었던 글을 쓰고, 마음껏 구애받지 않고, 음악을 들었으면 하는 바램이 있었다. 나이 들어서 제목이 잘 생각나지 않아서 노래 제목을 스마트폰 메모장에 기록해 놓는다. 악보에는 '데크레셴도'가 있다. 점점 여리게 뜻의 악상 기호이다. 이제 '크레셴도'의 점점 세게 보다는 인생에서 점점 여리게 '데크레셴도'로 살아보려고 한다. 소프라노보다 난 바리톤의 노래 소리가 더 좋은 것도 나이 탓일지 모른다. 어디 가서 내 노래를 불러 볼 수 있을까?

좋은 글을 읽으면 감동을 주지만, 좋은 노래를 들으면 가슴속에서 눈물을 흘린다. 감동되는 글은 머리로 이해해야 하지만, 노래는 영혼속으로 사랑을 느낀다.

인생, 나의 마지막 맺음말

 가을 문턱이다. 나이 때문인지 마음도 움츠러들고 가슴으로 바람이 차게 들어온다. 마음마저 넘어질까 봐 초조해진다 그래서일까? 나이가 들면 질문도 아끼게 된다. 내가 해야 할 대답이 내가 감당할 수 없는 것일까 봐 두렵기 때문이다. 초대하지 않았는데 밀려올지도 모를 어둠을 피하고 싶다는 게 솔직한 마음이다.

 죽음을 진지하게 대할 기회가 예순 전에는 없었는데, 남편의 수술 후 종종 생각해 보게 된다. '죽음'과 '삶'이 한순간의 차이일 수도 있겠구나 싶었다. 어느 작가는 "죽음은 어둠을 들여다보는 구멍 같기도 하다."고 했다. 삶의 마지막을 어떻게 맞이하고 준비해야 하는지 아직은 어렵다. 그래서 나에게 남아 있는 마지막 말은 무엇일까? 가족에게 남겨주고 싶은 말은 무엇일까를 곰곰이 생각해 보게 되었다.
 '100세 시대'라 하지만 모두에게 해당하는지는 알 수 없다. 누구에게나 오는 '죽음'이라는 말을 무겁지 않게 자연스럽고 당당하고 행복하게 준비하고 싶다. 남편은 신장에 혹이 생겨 수술했다. 코로나가 심각한 사회 분위기에 겹쳐 입원도 힘들었는데 담당 의사는 본인이 수술을 잘하는 의사라고 자랑했다. 그 말이 위안이 되었다. 남편이 수술받는 동안 보호자 대기실 모니터를 보며 마음이 새까맣게 타버리는 것 같았다. 회복실 모니터를 응시하며 기다리는 시간은 가슴이 죄이며 생과 사를 가르는 만큼 고통스러웠다.

  수술 당시 남편은 일흔두 살이었다. 전신마취를 하고 수술하는 게 남편으로서는 힘들었나 보다. 초췌한 모습이 영락없이 지옥에 다녀온 몰골이다. 수술 전 환자 서약서를 보면서 겁이 덜컥 났다. 모니터에 "회복 중"이라는 짧은 단어는 지옥에 있던 나를 다시 천당으로 데려다주었다. 남편의 수술을 지켜보면서 일흔다섯이 넘어서는 수술을 하지 말아야 하겠다고 생각했다. 수술은 잘 끝났지만, 회복 기간이 참 길었다. 그 후 남편과 나는 '사전연명의료의향서'를 미리 작성하자고 약속했다. 병상에 의미 없이 누워 자식들에게 부담을 주는 일을 만들지 않기 위해서이다. 어떤 생명이든 존중받아야 한다. 하지만 내 의지로 뭔가를 할 수 없을 때는 차디찬 병상에서 생명을 유지하기보다는 나의 존엄을 지키며 삶을 마무리하고 싶기 때문이다. 그래서 생애 마지막에 대한 자기 결정권과 같은 생각을 자연스럽게 자주 하게 된다.

  얼마 전, 형부의 죽음도 인생의 맺음말을 어떻게 만들어 가야 하는지를 생각하게 했다. 형부는 평소 주말 등산을 즐기시고 건강하셨다. 그런데 어느 날 갑자기 배에 복수가 차서 추적 검사를 하던 중에 '폐암 4기'라는 진단이 나왔다. 숨이 가쁘다든지 호흡이 어려운 증세가 없었고, 거친 기침 증상도 없었기에 받아들이고 믿기 어려웠다. 형부는 한 달 넘게 입원하시고 퇴원 후 일주일 만에 갑작스럽게 75세의 아직은 젊은 나이로 세상을 뜨셨다.

뭐가 그리 급하셨을까? 황망히 떠나신 형부를 보며 누구도 자신의 마지막 가는 길이 언제일지 알 수는 없다는 게 두려웠다. 살면서 행복인 줄 알고 쫓아갔는데 아니었고, 행복인 줄 몰랐는데, 행복으로 찾아온 순간도 있었다. 2006년에 나도 '유방암' 수술을 했었다. 18년이 지나 완치되었다는 믿음으로 살고 있지만, '암'이 얼마만큼 독하게 한 인생과 그 가족을 죽음과 맞서야 하는 두려움으로 괴롭히는지를 누구보다 잘 알고 있다.

나는 이 '사전연명의료의향서'가 '죽음'의 문제가 아닌 '삶'의 문제라고 생각한다. 인생의 맺음말을 값있고 의미 있게 써나가기 위한 삶의 성찰이다. 아름다운 인생 맺음말을 만들어 가는 실천 중 남편과 '사전연명의료의향서'를 곧 쓰러 가는 일도 중요하게 포함된다.

"인생의 마무리에 대한 이야기가 아니라 당신 인생의 완성에 대한 이야기, 후회 없이 살아온 삶 그 맺음말에 대한 이야기, 살아온 소신대로 내 삶을 완성하기 위해…(중략)"는 '사전연명의료의향서' 광고이다. "멋진 삶은 '맺음말'로 완성된다."라는 말에 고개가 끄덕여졌다. 내 인생의 맺음말에 관한 이야기를 만드는 것이 앞으로의 삶에 대한 존엄이고 자기결정일 것이다.

어느 날 내게 초대하지 않은 죽음이 찾아오더라도 거부하지 않고 품위를 지키며 편안하게 맞이하고 싶다. 104세 老 교수가

"건강해서 오래 사는 게 아니라 조심스럽게 살아야 한다"라고 한 말처럼, 조심스럽게 살되 내가 살아온 날들의 마지막 맺음말을 '나'답게 써 내려가야겠다.

4부

땅에 쓰는 시

오월, 스페인 가로수 보랏빛 '자카란다'

　스페인은 다채로운 매력을 갖고 있다. 가우디의 건축을 보려고 많은 여행자가 찾으며 내 버킷리스트 중 하나이다. 일상에서 힘들고 지치면 훌쩍 나그네처럼 떠나고 싶은 마음이 여행이다. 유튜브를 통해서만 보던 갈증을 달래려 친구들과 함께 스페인 여행을 가기로 했다. 아름답고 멋진 곳이라도 여행은 누구와 동행해 가는 것이 더욱 중요하다. 교사를 하면서 한 학기를 마치는 방학이 되면 보상처럼 해외로 여행을 다녔다. 일상을 벗어나면 '힐링'과 '쉼'이란 단어로 힘든 것을 여행에서 보상받는다고 생각했다. 가족과도 친구들과도 직장의 단체 연수 여행까지 기회와 시간이 되면 놓치지 않으려 즐겼다. 그러나 이번 스페인 여행은 더 큰 이유가 있다.

　40년 한 길로 달려온 직장을 마무리하며, 퇴임을 앞두고, 친구들과 '퇴임 여행'을 스페인에 가기로 했다. 이제는 방학과 휴가철이 아닌 여행하기 가장 좋은 계절 5월에 여유 있게 떠나고 싶은 소원이 이루어졌다. 그러나 이 꿈같은 소원은 쉽지 않았다. 생각지도 못한 팬데믹의 코로나 시대가 길어지면서 유럽 여행이 전면 폐쇄되고 항공도 봉쇄되는 사태로 인해 스페인에 갈 수 없었다. 누구도 생각해 보고 경험하지 못한 답답한 세상이 와서 어쩔 수 없이 5년이나 미루어졌다.

 세월과 시간은 나이 든 자에게는 건강도 장사가 없는 듯하다. 멀리 여행 떠나기 힘들다. 칠십을 코앞에 둔 노년 인생 나이에 겪는 흔한 질병이 있다. 오래 사용하여 무릎의 연골이 닳아서 고관절 통증으로 걷기와 오랜 시간의 비행은 허리에 통증과 고통이 따라온다. 흔한 말로 "내 다리 멀쩡할 때 많이 다녀야 한다."라는 말도 있는 것처럼 유럽 여행에 무리가 많았다. 여행 버킷리스트에 있는 '산티아고 순례길' 걷기는 점점 멀어져 가 허무해진다. 누구나 많은 여행자가 제일 걸어보고 싶어 하는 길이 '산티아고 순례길'일 것이다. 나도 그 순례의 길을 찾아 꼭 한번 떠나고 싶다.

 미뤄진 여행이 더 늦어지면 힘들 것 같아 고심한 끝에 용기를 내어 '스페인 포르투갈 7박 9일' 일정을 얼리버드 기간인 2월에 예약했다. 대학 동기 '미녀 동창'(미대 졸업 친구)의 모임이 있다. 모두 교사로 퇴임해서 시니어 삶을 즐기고 있다. 인천 친구는 동화를 쓰며 요가를 즐기고, 속초 친구는 개인전을 준비하는 작가로 살고, 서울 친구는 캘리그래피와 시를 배우고 인생 2막을 즐긴다. 나 역시 그동안 읽고 싶은 책과 쓰고 싶은 글을 쓰며 문예 창작을 위한 강의를 찾아다니고 있다. 지금 나의 시간으로 하루를 보내는 시간이 더없이 행복하다. 자식들도 모두 독립하고 나면 빈 둥우리지만 나름 노부부의 삶은 부족함 없이 평온하다. 문제는 건강이 최고다. 건강이 따라 주지 못하면 노후는 '꽝'이다. 건강이 최고라는 명제를 위해 열심히 달린다. 하지만 오래 쓴 몸은 헌 기계처럼 고장이 잘 난다. 여행도 친구 모두 함께하지 못해 아쉬웠다. 그중에 서울 사는 친구는 겨울에 눈이 내린 산에서 내려오며 계단에서 미끄러져 무릎 인대 파열로 수술을 한 지 1년이 넘었다. 오래 걷기엔 힘들어 포기를 했다. 인천 사는 친구는 떠나기 두 달 전부터 고관절 통증이 심해 한의원을 다니며 침과 치료를 열심히 받고 체력을 키우고 있었다. 허리도 통증이 있어 오래 걷는 게 힘들었지만, 마지막으로 도전과 용기를 내었다. 속초 친구와 나는 건강에 별 무리가 없고 걷는 다리 힘도 있어 셋이 함께 떠나기로 했다.

그러나 내 건강이 아닌 남편의 건강 문제로 여행을 위해 많은 준비가 필요했다. 여행을 마음먹으면서 남편 걱정이 제일 컸다.
젊어서는 직장 때문에 시간이 없었고, 이제 퇴임해 시간도 있는데 다른 문제가 생긴다. 2년 전 남편은 신장에 혹이 생겨서 수술했다. 나이 칠십이 넘으면 수술하고 회복도 느리고 힘들어진다. 재활치료를 위해 병원 진료와 식사 간병을 맡아 하느라 오랜 시간 집을 비우고 여행을 떠나기 힘들었다. 하지만 이번 여행을 친구들과 꼭 함께 가고 싶었다. 며칠 동안 고민하고 망설이다 남편에게 의견을 물었다. 다음 의견 중에서 편하게 말해보라고 하였다.
첫 번째로 1주일 간병인 시간제 쓰기. 두 번째 1주일 딸의 집에 가 함께 생활하기. 세 번째 모든 식사와 반찬 준비를 해주고 직접 하기를 선택하라고 했다. 남편은 오랜 기간 혼자 생활에 자신이 없었던지 이틀 후 걱정되는 마음을 다잡아 직접 혼자 식사를 해결하겠다고 말해주었다. 그 대답에 속으로 "오, 예스!"를 외치고 남편의 마음이 바꾸기 전 서둘렀다. 이전보다 대견하고 아량이 넓게 배려해 주는 마음이 고맙고 한편 여유가 생겨 편해졌다. 너무 나에게 "의지만 하지 말고 본인이 독립적으로 해결해 보는 기회"가 필요하다고 생각했었다.

 짐을 싸고 준비하는 설렘보다 여행을 가기 위한 '남편이 직접해결을 위한 생활사용 설명서'를 꼼꼼하게 계획표를 요일별로 메모하여 작성했다. 좋아하는 반찬으로 고추 조림과 메추리알 조림을 만들었다. 조금씩 데워 먹을 수 있도록 준비하고, 밥은 쉽고 편리한 '햇반'으로 날짜만큼 준비했다. 물만 커피포트에 끓여 부어 먹을 수 있는 컵라면도 준비했다. 과일과 두유 음료를 일자별로 '식단표'와 '기구 사용법' 일자 별 '먹을 약 구분'을 작성하여 냉장고에 붙였다. 준비는 나름 완벽했다. 그것도 불안해 1주일 전 남편 홀로서기를 위해 전자레인지에 데우는 시간과 끓이는 방법을 실습까지 직접 지도했다. 이렇게까지 감당하고 준비하며 여행을 떠나는 자신이 한편 안쓰럽기도 했다. 이 고난의 준비를 하고 여러 번 남편에게 혼자 잘 챙겨서 먹도록 다짐받고 손가락 걸며 약속까지 했다. 나를 위한 여행이기에 이 많은 준비도 피곤을 모른 채 남편을 위한 음식을 준비했다. 여자들이 하는 유머 중에 '삼식이'(아침, 점심, 저녁을 먹는 남편), '종간나새끼'(식사 세끼와 종종 간식 먹고 야식까지 먹는 남편)처럼 웃지 못할, 현실적인 고충을 의미하는 유머도 있다. 현실에서 주부들이 겪는 맞는 말이기도 하다.

 남유럽 '스페인' 천재 건축가 '가우디'의 최후 걸작 '구엘 공원'과 아직도 미완성인 '사그라다 파밀리아 성당'을 보려고 5월 초 7박 9일 일정으로 '스페인 포르투갈' 여행을 떠났다. 여행은 춘천터미널에서 새벽 5시 인천 공항버스를 타고 시작되었다. 출발은 날씨마저 비가 내린다. 10일 되는 일정이니 캐리어 가방도 크고 무겁다. 인천 공항에서 '에어프레미아' 스페인 전세 비행기 좌석이 만석으로 출발했다. 스페인 여행의 제일 좋은 계절이 5월이라 여행객이 많았다. 가보고 싶었던 스페인 여행에서 돌아와 이 기분이 사라지기 전에 기행문을 쓰기 시작했다. 도서관에서 "여행자의 글쓰기" 소설가 '전석순'의 강의에 참여하고 있어 기행문을 '스페인 여행'으로 쓰기로 했다. 무엇이 즐거웠는지? 어디가 감동되었는지? 일정을 차례대로 짚어 보았다. 이번 여행은 '네 가지 음식' '세 가지 나무' '세 개의 성당' '가우디' '알람브라 궁전' '프라도 미술관'을 보며 설레었고 아름다움에 감동했다. 5월이라 날씨도 좋아 스페인의 봄의 풍경을 제대로 느꼈다. 조금 더운 날씨지만 여행에 불편하지 않았다. 여행이 힘들고 피곤하게 지친 점은 땅이 넓어 도시 이동 시간이 보통 6시간 이상 걸렸다. 워낙 넓은 땅을 가진 나라로 거리가 멀다. 고속 도로의 차량정체가 심하지는 않아서 다행이었다.

이번 네 가지 음식은 '해물 빠에야' '에그타르트' '하몽' '바깔라우'이다. 해물 빠에야는 스페인 전통 쌀 요리로 프라이팬에 사프란 향신료를 넣어 노란색을 띠는 우리식으로 표현하면 카레 해물 볶음밥과 비슷해서 입맛에도 맞다. 첫 식사라 기대와는 달리 정통 '빠에야' 맛은 별로였다. 오히려 식당의 스페인식 고풍스러운 실내 장식이 음식 맛보다 좋았다.

'에그타르트'는 많이 알려져 이미 맛을 보았지만, 원조의 에그타르트 맛집의 여행객들의 줄은 너무 길었다. 유명한 에그타르트를 현지 맛집에서 먹으니 기분상 특별했다. 에그타르트 맛보다 긴 줄이 신기했다. 이게 현지 여행의 맛인가? 이곳에서 먹어야 맞는가? 라는 투정이 생겼다. 에그타르트가 만들어진 이유가 맛보다 더 신기했다. "리스본 외곽의 '파스테이스 드 벨렝'이라는 조그만 제빵소에서 만들어졌다는 가이드 설명을 들었다. 근처 예로니모 수도원에서 수녀들이 달걀흰자로 수도복에 풀을 먹이고 남은 노른자로 만들어 먹던 비법을 전수하여 1832년부터 판매되었다고 한다." 수녀원 노른자를 이용한 음식의 발견인 셈이다. 에그타르트의 비책은 요리사의 철저한 비밀이라고 한다.

스페인 현지에서만 맛보는 '하몽'은 식탁 위 황금으로 불리는 돼지의 뒷다리 중 넓적다리를 통째로 자르고 소금에 절인 뒤 6개월~2년 정도 그늘이나 동굴에서 숙성한 생햄의 종류이다. '하몽' 등급은 '하몽 세라노'(흰 돼지 뒷다리)가 있고 '하몽 이베리코 데 베요타'(도토리를 먹여 키운 돼지 뒷다리)로 최상급이다. 육식을 별로 좋아하지 않은 나는 막상 유명하고 스페인에서만 먹을 수 있지만, '하몽'은 너무 짜 입맛에 거슬려 맛만 보았다. 발효 식품이라 장시간 건조하려면 염분이 필요하겠지만 내 입맛엔 짜다. 그나마 바게트에 얹어 먹는 것이 입맛에 맞아 짠맛을 중화시켜줘서 먹기 좋았다.

'바깔라우'는 소금에 절여 말린 대구를 스테이크처럼 굽거나 다져서 만든 다양한 포르투갈 대표 요리로 감자 양파와 곁들여 먹어 생선찜 맛으로 스페인 음식 중에 내 입맛에 맞고 맛이 담백하여 부담이 없었다. 돌아와서도 이 맛이 생각나 먹고 싶다. 스페인 전문 식당에 가면 이 맛을 찾을까.

스페인 여행에서 거리 풍경이나 정원 가로수에서 만난 나무들이 너무 아름다워 매력에 빠졌다. 거리마다 끝없이 들판에 펼쳐지는 올리브 나무의 정원은 스페인의 상징 같기도 했다. 비가 오지 않는 척박한 땅에 올리브나무가 잘 자라기 때문이다. 인류 역사에서 가장 오래된 유실수로 가장 오래 살아남는 나무이며 "나무 중 으뜸" "우주의 기둥"으로 불린다. 올리브 나무는 한 번 심으면 천년을 산다고 한다. 내가 잘 알지 못한 올리브 나무는 자기 온몸을 쥐어 짜내어 열매를 아낌없이 내어주는 어머니 같은 사랑을 품고 있다는 것을 처음 알게 되었다. 올리브 나무는 '대자연의 어머니'라고 한다.

스페인 가로수 '자카란다'는 보랏빛 꽃으로 우리나라 벚꽃처럼 나뭇가지에 보라색 꽃으로 활짝 피어 향기도 좋고 너무 예뻐서 사진을 많이 찍기도 했다. 스페인에서 처음 보는 꽃으로 아열대 지역 가로수이다. 그러나 벚꽃처럼 피어 있는 시기가 적어 5월 이때 아니면 볼 수 없다. 마침 자카란다 꽃이 핀 계절에 만나게 되어 행운이었다. 보라색을 좋아하는 이유도 있지만 꽃 모양도 우리나라 들꽃의 초롱처럼 생겨서 핀 꽃이 아름다웠다. 이 꽃의 향기와 보라색 꽃잎에 홀딱 반해버렸다. 아마 꿈속에서도 이 꽃을 찾을 것 같다. '자카란다꽃'이 너무 아름다워 다시 보고 싶은 스페인 여행의 향수에 첫 목록이 되었다.

2024. 스페인 자카란다 가로수 꽃길

4부 / 땅에 쓰는 시

그다음에 이 나무가 있으면 그 주변이 더욱 멋지고 낭만적으로 신비롭게 보여주는 녹색의 상징 상록수 '사이프러스' 나무이다. 이 나무는 '고흐'가 좋아하고 사랑한 나무로 '별이 빛나는 밤' 작품에 그려져 있다. 고흐의 풍경화에 많이 그려지는 나무로 생전에 "사이프러스 나무가 있는 길은 항상 내 마음을 사로잡는다."라고 했다는 글을 보았다. 사이프러스는 스페인 곳곳 정원과 사원 성당 어느 곳에서든 유럽 특유의 하얀 벽과 주홍빛 붉은 지붕을 돋보이듯 솟아 어울려 멋을 더해 준다. 사이프러스 나무는 그 모습이 땅 위의 아름다운 선과 하늘로 뻗은 잎들이 균형을 갖추어서 환상적이었다. 그 초록의 푸름에는 무엇보다 더 깊은 상록수의 싱그러움이 느껴져서 나무의 고고한 깊이가 느껴졌다. 그래서 '고흐'의 작품 속에 이 나무를 좋아하는 열정으로 소용돌이치듯 마치 바람에 몸을 내어주고 있다. 움직이는 듯한 질감과 살아 움직이는 터치를 이용한 고흐의 표현 기법이 작품 속에서 경이로움을 보여주어 명화일 것 같다. 로마에서는 주로 사원이나 묘지에 심어 "언제나 푸름"이라는 뜻이라고 한다. 이 나뭇가지로 십자가를 만들던 나무로 알려지고 있다. 죽음에 대한 슬픔과 두려움을 뛰어넘는 강인함을 상징하는 신성한 나무라고도 한다. 그 나무 모습과 상징속에 감동되었다. 먼 생의 이별이 찾아오면 내 묘지 앞에도 사이프러스 나무 한 그루 심어 주었으면 좋을 것 같다.

이번 여행에서 스페인이 가톨릭 국가로 사원과 성당이 많았다. 모두 고딕의 양식으로 150년 걸린 '바르셀로나 대사원'에는 15C의 조각가 바르톨로 애 베르메오의 '피에타'가 유명하고 예배당 안에는 유명한 성인들이 모셔져 있었다. 스페인 전성기를 이룬

'페르난도 공'과 '이사벨 여왕'의 묘가 지하에 보관된 왕실 예배당도 고딕과 르네상스식 건축 기법으로 화려하고 고풍스러웠다. 벽에 새겨진 조각들의 섬세함에 감동이 되었다. 타호 협곡 위에 아슬아슬하게 걸린 누에보 다리는 아치형으로 42년에 걸쳐 완성되었으며 누에보 다리 곁에는 실제 '헤밍웨이'가 걷던 산책로와 방이 있었다. 그 절벽 위에 세워진, 헤밍웨이가 사랑한 마을 론다에서 그의 작품 '노인과 바다'를 생각하며 바라보았다.

'세비야 대성당'은 고딕 양식의 건축물 중 가장 크다. 유럽에서 세 번째로 큰 성당이다. 이슬람교도들이 세비야를 되찾은 산 페르난도 왕과 에스파냐 중세기 왕들 유해가 안치되어 있었다. 스페인 성당들은 역사도 깊고 건축 기간도 50년에서 100년 이상 걸려 완성되었다. 건축물들이 고딕 양식으로 웅장하고 정교하여 조각품들이 예술적 가치가 높아 보인다.

제일 놀란 것은 성모마리아 발현의 도시 '파티마 성당'이다. 1917년 5월 13일 성모마리아가 발현한 기적 때문에 유명하고 100년이 넘은 지금에도 이 기간이 되면 세계적으로 순례자들이 아직도 많이 찾고 있었다. 내가 찾은 때가 이 기간이라 광장에 미사를 보기 위한 신도들의 촛불 행렬이 끊이지 않았다.

카톨릭 신자라면 꼭 한번 가보고 싶어 하는 곳이다. 정면에 보이는 십자가상은 '자코메티'의 조각처럼 실존의 그리스도 고뇌의 모습으로 인체의 뼈대만 구성되어 있어 그리스도 수난의 고통처럼 느껴져 그 앞에서 사진을 찍었다. 1928년에 성모마리아가 나타났던 자리에 예배당이 세워져 순례자들은 그 앞을 오체투지 무릎으로 기어서 가는 사람도 많이 보았다. 가톨릭 신자는 아니지만 성스러운 기운이 느껴져 두 손 모아 소원 기도를 드렸다. 기념품으로 목각 십자가와 도자기 성모상을 구매해서 거실에 놓았다.

유튜브나 사진에서만 본 '사그라다 파밀리아 성당'은 가우디의 최후 걸작이라 불리며 미완성으로 아직도 공사 중이었다. 사그라다 파밀리아의 뜻은 '성가족'이라 한다. 1926년에 가우디 사망 100주년 기념으로 2026년 완공을 앞두고 있었다. 성당 벽면이 성경에 나오는 이야기들과 '십이사도'를 나타내고 있다. '가우디' 그는 인간의 존재를 넘어 신의 경지로 초월한 예술가인 듯 놀랍고 스페인은 가우디가 남겨준 유산만으로도 문화유산 혜택이 무궁무진해 보인다. 성당 안 스테인드글라스 벽면은 화려하고 색상이 환상적이며 신비롭기도 했다. 들어가는 입구는 마치 공항과 같은 시스템으로 철저하게 검색 후 입장할 수 있었다. 이 성당 안에서는 모자를 쓸 수 없다고 안내원이 모자를 벗으라고 했다. 이유가 뭘까? 신이 계신 성스러운 곳이라 성당 안에서 눌린 머리의 초라한 모습이 부끄럽지만, 모자를 벗고서 성당 안을 구경했다.

'알람브라 궁전'은 클래식 기타의 명곡으로 알려져 이름은 알고 있었다. 이슬람 지배 시절 아랍 양식으로 만들어졌으며 나자리에 궁전과 카를로스 5세 궁전 그라나다 왕의 여름 별궁이었던 헤네랄리페 정원이 있어 각종 꽃과 나무들이 아름답게 보인다. 헤네랄리페 정원은 이곳을 찾은 무어인 출신의 시인들이 '에메랄드 속 진주'라고 묘사할 만큼 아름다웠다.

'프라도 미술관'은 파리의 '루브르 미술관' 상트페테르부르크의 예르미타시 미술관과 함께 세계 3대 미술관 중 하나이다. 미술관에는 약 8,000점의 소장품이 있고 그중 회화는 1,300점이 전시되어 있다고 한다. 르네상스 시대부터 바로크를 거쳐 현대까지 엘 그레코, 벨라스케스, 고야, 틴토레토의 걸작들이 많았다. 가이드는 3개 작품은 꼭 보고 가야 한다고 안내했다. 그 중 프라 안젤리코의 '수태고지' 작품과 히에로니무스 보스의 '일곱 가지 죄악' 교만, 인색, 질투, 탐식, 분노, 나태를 그린 것으로 탁자 상판을 장식하는 그림이었다. 티치아노 베첼리오의 '카를 5세의 기마상' 빛과 색의 원숙한 묘사를 한 작품이라고 설명했다. 그 외에 인상 깊은 작품은 페터 파울 루벤스의 사랑의 정원, 붓끝이 춤추듯 꾸불꾸불하게 이어지며 화사한 색으로 채색되어 있었다. 그림 속 어느 한구석에도 직선을 찾기 힘든 구도로 보였다. 프란시스코에 고야의 '카를로스 4세와 그의 가족' 초상화는 모델을 실제 생김새보다 다소 미화하여 그렸다고 가이드가 말했다. 작품에는 집단 초상화로 가족관계를 잘 표현하고 있었다.

마지막 '구엘 공원'이다. 여기는 스페인 바르셀로나의 상징물처럼 가보는 곳이다. 원래의 의지와 달리 고급스러운 저택 분양에 실패하고 시내에서 떨어진 언덕에 위치하여 공원으로 만들었다고 들었다. 지중해와 천재 가우디의 상상력과 창의적인 예술로 자연과 인간을 배려한 작품으로 인공의 절묘하고 창조성과 예술적 훌륭함에 감동을 넘어 숙연함이 느껴진다. 스페인 여행 7일 차까지 날씨가 너무 맑고 좋았는데, 구엘 공원에 들르는 8일 차에 비가 많이 내렸다. 우산을 쓰고 구엘 공원 벤치에 앉아 보지도 못하고 사진만 찍어 남긴 추억이 매우 아쉽고 속상했다. 많이 기대했던 구엘 공원인데 비가 많이 내려 제대로 볼 수 없었다. 쪼개진 타일로 신의 곡선이란 율동을 이용하여 편안함을 느낄 수 있도록 만든 가우디의 창조성은 가우디만의 열정과 예술의 경지에 이른듯하다.

   사진을 많이 찍었다. 다시 내 생에서 두 번 스페인에 올 수 없는 마지막이라고 생각해 간직하고 남기고 싶다. 13시간이나 걸리는 비행시간과 매일 6시간 이상 차를 타야 하는 강행군 스페인 여행은 역사와 문화의 예술 유산들이 훌륭하고 가치가 있기 때문에 여행자들이 많이 찾는지도 모른다. 서유럽과 동유럽은 몇 년 전 다녀오고 남유럽은 처음이다. 계획이 빡빡한 일정에도 막상 맞이하는 유적들에 놀라 예술적 감동은 피곤함마저 잊게 한다. 예술의 힘이라 생각했다.
   미대를 나왔으니 더 공감되었을 것이다. 40년을 함께 한 친구들과 스페인 여행을 다녀와서 더 뜻깊다. 우리는 미대를 나온 '미녀 4총사'이기 때문이다. 건강이 안 좋아 걷는 게 불편한 정선이는 힘들어서 고생했다. 힘들어하는 친구의 손을 잡고 함께 의지하며 걸으며 감상했다. 건강이 안 좋은 친구를 걱정하며 지난 추억과 앞으로의 일상 이야기를 걸어가며 많이 나누었다. 떠나는 날과 마찬가지로 인천 공항에 도착한 날도 비가 많이 내렸다. 친구와 헤어지며 서로의 건강을 약속했다.

   날씨가 맑고 덥지 않아서 여행 최적의 상큼함과 기분이 좋아 행복감을 느꼈다. 떠나기 전 걱정을 했던 남편과는 매일 7시간의 시차를 따져가며 카톡과 전화로 안부와 문자로 무사함을 알려주어 더없이 고맙다. 나 없이 잘 살아가는 독립심을 키운 듯 반갑다.

돌아와 보니 남편을 위한 음식 준비는 삼 분의 일이 남아 있었다. 제대로 챙겨 먹지 않아 속이 상해 남편에게 화를 내 보았다. "혼자 먹으니, 입맛이 없어서"라고 대답하는 모습이 애처롭고 안쓰럽다. 혼자 할 수 있다는 독립심이 노년에는 도리보다 의리로 사는 게 맞는 선택일지 모른다. 오랫동안 미루다 출발한 스페인 여행에서 돌아와 시차 적응으로 피곤하기도 했지만, 긴 여행 건강하게 돌아와 감사기도를 했다. 스마트폰 사진을 정리하고 가져온 입장권과 팸플릿을 스크랩에 끼우며 스페인 여행을 기록하고 글을 정리했다.

그러나 여행 중 불편했던 친구의 입원 소식에 마음 무겁다. 인생도 긴 여행인지 모른다. 여행에서 만나고 보고 감동한 추억은 삶에서 꿈이 되기도 하고 마음에 휴식을 주기도 해 다시 여행을 떠나는지도 모른다. 5년 만에 이루어진 친구들과 함께한 스페인 여행은 퇴임한 일상 속에 행복감을 안겨주었다. 다시 산티아고 순례길을 걷게 될까?

입원한 친구의 소식이 절망적이다. 스페인의 행복한 여행이 추억으로 남기전에 너무도 안타까운 친구와의 마지막 여행이 되었다. 너무 갑작스러운 소식이라 먹먹하고 심장이 멎을 듯 저려온다. 친구는 암 말기로 뇌까지 전이가 되어 시한부 선고를 받고 스페인 여행을 다녀온 후 한 달 만에 하늘에 별이 되어 떠났다. 친구와의 갑작스런 이별은 어느 소설의 결말보다도 더 빨리 전개되어 믿기 어렵고 적응이 되지 않는다. 별빛당에 세례명인 '로사' 이름으로 안치되어 이생에서 짧은 그리움을 주고 가버렸다. 친구의 모습을 닮은 수국꽃을 위로하며 찾아가 선물로 주어야지 하는 내 마음의 약속도저버렸다. '삶'이란 무엇이며 '운명'이란 무엇인지 준비 없는 답답함에 가슴이 무너진다. 친구가 별이 되어 떠나고 남겨진 내 마음도 아프고 몸도 아프고 힘들다. 얼마나 고통을 견디며 여행을 함께한 친구에게 미안하고 고맙다. 삶의 진행들은 생각 없이 불쑥 슬프게 만든다. 존재할 수 없는 이유로 준비 없이 떠남을 어떻게 담담히 맞아야 하는지 모르겠다. 친구의 이별은 삶에서 불쑥 등장하는 '마지막 인사'로 남았다. 친구는 지난 시간과 추억을 정리할 시간도 없이 허망하게 떠났다.

친구가 나에게 보낸 마지막 카톡 문자는 "고맙다. 하염없이 눈물이 나더라. 미련 없이 갈 수 있겠더라. 끝없이 이어지는 인생사." "운명에 맡겨야지!!! 지천명을 한참 지냈으나 인생철학은 경지에 이르기 힘들다." 라는 마지막 문자만 남았다.

슬픔도 아직 와닿지 않으며 믿어지지 않는다.
나의 가슴 한편에 친구와의 기억을 품고 살아야 한다. 내 마음밭에 친구와 함께한 시간은 씨앗같은 존재로 힘들 때 마다 떠올리는 추억의 장소로 남는다. 그리움 뿐이다.
"스페인 여행은 친구와의 마지막 이별 여행이 되었다."
친구의 갑작스러운 이별의 고통은 남겨진 나에게 고통의 무게만큼의 깨달음을 가장 소중한 간절함을 주고 갔다. 그 기억의 무게는 너무 서글프다. 내 이야기를 들어주던, 힘들 때 찾아가는 친구는 성급하게 떠나버렸다. "내 안에 아직 친구가 부르는 목소리가 들려온다."

진흙에 물들지 않는 연꽃처럼

　여유롭고 행복한 시간이 있다. 한 달에 한 번 박물관이나 미술관 전시회 나들이다. 나이 들어가는 시간이 아쉬워 나만의 시간을 갖는 '쉼' 여행이다. 얼마 전까지 직장이 있어 주말에만 시간을 내야 해서 자주 볼 수 없었다. 평일에 오롯이 혼자 여유 있게 즐기는 시간이 무척 행복감을 준다.
　국립중앙박물관에서 처음으로 인도 '메소포타미아' 유물전이 열렸다. 일주일 전에 해설과 전시 관람을 예약하고 보러 갔다. '스투파'의 숲 신비로운 인도 이야기 전시회이다. '스투파'는 "불교에서 부처나 훌륭한 승려의 사리를 모시는 탑"을 뜻하는 인도의 옛말이다. 인도는 우리나라의 탑과 달리 둥근 언덕이나 거대한 왕릉처럼 생겼다. 전시실 안에는 2천여 년 전 스투파를 이루었던 유물 조각이 모여 전시장 안에 숲을 이루고 있었다. 인도는 종교적 색이 짙고 순례자 감성이 끓어오르는 원초적인 문화가 묻어 있어서 가보고 싶다. 이번 전시는 인도 남쪽 신들의 미술과 석가모니의 이야기 전시회였다.

서른이 넘어 명상에 관심과 석가모니의 경전에 매료되어 사찰을 여러 번 찾아다닌 적이 있었다. 사찰을 찾아가면 풍경보다 그 고요함에 먼저 마음부터 안정되고 힐링 되었다. 첫 근무지가 치악산 자락 오지에 있어 그 시절 치악산에 있는 '구룡사'를 자주 찾았었다. 자주 찾다 보니 주지 스님께서 주말에 방을 내어주셔서 지친 피곤을 산사에서 보내는 밤은 그 시절 그리운 휴식이었다.

불경 '아함경'에 이런 글이 있다. "살면서 누구도 첫 번째 화살을 피할 수는 없다. 그러나 만들어 쏘는 두 번째 화살은 피할 수 있다고 했다." 고통과 상처는 첫 번째 화살만으로 충분한 삶이 인생이 아닌가 싶다. '삶의 의미'가 주는 깨달음의 의미를 석가모니 이야기를 전시한 전시장 유적들을 보며 알 수 있었다. 이번 전시에는 기원후 4세기까지 알려지지 않은 남인도 미술품이 많이 전시되었다고 알려주었다. 미국 메트로폴리탄 박물관 등 총 97점이 우리나라에서 최초로 공개되는 남인도 불교 미술품 전시회였다. 신비로운 인도 이야기 스투파의 숲은 둥근 언덕이나 거대한 왕릉처럼 생겼다.

'스투파'를 둘러싼 울타리에는 아름다운 연꽃 조각으로 장식되어 있었다. 울타리를 따라 돌면 셀 수 없이 많은 인도의 신과 석가모니 이야기를 조각 작품으로 표현되어 있었다. 아쉽게도 대부분 세월의 풍파 속에 무너져 원래의 모습을 잃고 이제는 부분적으로 장식 조각만 남아 전시되어 있었다.

성스러운 갠지스강 남쪽으로 펼쳐진 인도 중남부 데칸고원에 새로운 왕조 사타바하나가 등장했었다는 설명을 읽었다. 그들은 '생성'하고 '소멸'하는 자연의 힘을 믿었던 것일까. 남인도에는 인도 고유문화의 불교가 어우러진 세계, 신비의 숲이 존재한 유물이 많이 전시되었다. 그 숲은 인간의 나약한 존재를 무엇으로 부처에게 얻고자 한 것인지 의문이 생겼다.

석가모니는 보드 가야의 보리수 밑에서 오랫동안 '깨달음'을 얻었다. 궁궐에서의 안락한 삶을 버리고 '깨달음'에서 불교의 역사가 시작된다. 옛 인도인들은 생명이 태어나서 죽는 삶이 한번이 아니라고 믿었을 것이다. 생명의 끊임없는 환생과 탄생의 신비로움은 자연에 깃든 정령의 존재로 믿었다. 자연에 깃든 정령을 사람의 모습을 지닌 신으로 상상하며 스투파에 조각을 남겼을 것이다. 풍요를 가져오는 남성을 '약사'로 조각하고 여성을 '약시'라 불렀다. 이들은 석가모니를 보필하는 역할을 하는 모습으로 조각되어 있었다고 전시회 도슨트의 설명을 들었다.

불교의 상징은 '연꽃'이다. 연꽃은 진흙에서 피어나는 꽃이다. 그러나 진흙에 물들지 않는 연꽃처럼 스투파 곳곳에 섬세하고 정교하게 조각되어 있었다. 연꽃의 넝쿨은 생명력을 의미한다고 한다. 새겨진 조각이나 문양들이 아득한 고대문화로 들어간 듯 정교함과 예술적인 기량이 뛰어나 감동했다. 인간이 갖고 있는 재능의 예술적 한계가 의심스러워졌다. 이번 인도의 '스투파' 숲 전시를 보며 석가모니가 인도하는 삶의 방식을 깨닫는 삶의 철학이 곳곳에 베여 신비스러웠다. 유적의 남겨진 조각에서 그 흔적들을 찾아볼 수 있었다.

탑 벽에 끝없이 뻗어 나가는 연꽃 덩굴은 '생성'과 '소멸'을 넘어선 자연의 무한한 생명력처럼 느껴졌다. 비록 온전하게 보존되지 않았지만, 남겨진 조각에서 신비스러운 흩어진 이야기 조각을 보며 상상해 볼 수 있었다. 인도의 석가모니를 위한 신전을 봉헌하려는 인간의 무안한 욕망은 무엇이었을까? 영원한 삶을 꿈꾸었을 것이다. 기원전 3500년 전의 메소포타미안 전시품은 문화의 혁신을 기록한 것으로 화려했다. 스투파의 숲 전시를 보며 인도의 신비한 생명의 탄생과 환생에 대한 신비로움을 느낄 수 있었다.

이제 나이 들어 인간이 걸어야 하는 길에 선택은 '책임감'과 '기다림'일 것이다. 인생의 선택에는 '무게감'이 느껴진다. 안다는 것과 깨달음의 차이는 무엇일까. "안다는 것은 아프지 않지만, 어떤 사실을 알았을 때 아프면 깨닫는 것이라 했다." 석가모니의 생애가 열반의 경지로 중생에게 가르친 교훈은 자비를 통한 깨달음이었을 것이다.

전시장에서 인도의 메소포타미아 유물을 해설과 함께 감상하며 시간을 거슬러 간 듯 석가모니를 위한 '스투파의 숲'을 거닐며 우리들 생의 무상함을 오랜만에 마음에 깊이 느껴진 치유의 시간이 되었다.

땅에 쓰는 시

'땅에 쓰는 시'는 영화 제목이다. 제목이 낭만적인 시 같은 느낌으로 호기심이 생겨 영화제에서 보았다. '정다운 감독'이 6년의 오랜 기간 사계절 풍경을 촬영한 다큐멘터리이다. 영상의 멋진 타이밍을 위해 감독은 선유도를 쉰 번을 찾아 최고의 순간을 담아내려는 열정에 감동했다. 감독의 고뇌와 좌절을 버티는 힘이 영상에 많이 담겨 있었다. 영화가 끝난 후 작가와 대담하는 시간에 "영화 제목은 누구의 아이디어에서 나왔을까?" 하는 질문을 했다. 감독은 주인공 박영선이라고 했다. 팔순이 넘은 주인공의 사색적인 삶의 연륜과 철학이 담겨 있어 첫인상처럼 오래 남는 다큐 영화였다.

첫 장면은 선유도 공원에서 뛰어노는 어린아이와 함께 클로즈업된다. 영상이 사계절로 이어지며 아름다운 풍경 속으로 마치 관객을 초대하는 듯 설레게 했다. 주인공은 습지에서 만난 '미나리아재비풀'을 보고 반해 이 꽃을 살리기로 자신에게 약속한다. 야생초인 미나리아재비가 농약으로 사라지는 것을 아쉬워했기 때문이다.

식물을 살리려고 말없이 주고받은 마음속 약속을 지키는 삶의 진솔함이 느껴져 정겹다. 습지를 지키기 위해 현장에서 읽은 '김수영 시인'의 '풀'이란 시가 영화의 장면에서 나온다. "풀이 눕는다. 바람보다 더 빨리 눕는다".

이어서 "오늘의 바람과 꽃으로 내일을 그린다."라는 의미로 세계 문화유산에 등재된 스웨덴의 '우드랜드 묘지공원'의 영상에 마음이 끌렸다. 조경가들이 공통으로 꿈꾸는 마지막 프로젝트가 묘지공원이라는 인터뷰를 듣고 많이 놀랐다. 묘지는 누군가와 마지막 인사를 나누는 위로의 공간이다. 내겐 타인의 마지막 묘지공원을 쉼의 공간으로 만들고 싶어 하는 조경가들의 꿈이 조금이나마 이해되었다. 영화에서 보여주는 '스코구쉬르코 가르텐' 공원묘지는 '숲속의 묘지'라는 뜻이다. 일반적인 묘지와 달리 추모교회, 화장터와 숲속 곳곳에 묘비들이 보여주는 풍경은 '쉼'의 공간처럼 평온하고 온유한 느낌마저 들었다. 우리나라에도 묘지 공원이 죽은 자만을 기리는 안식의 공간이 아니라, 살아있는 자들을 위로하고 치유하는 마지막 쉼의 공간의 의미로서 묘지공원이 생겼으면 하는 바램이 있다.

자연의 흐름을 식물만의 시간을 통해 꽃을 피우는 영화속에 나오는 영상은 매우 아름다움다웠다. 엔딩 음악이 '모두가 꽃이야'라는 동요가 나오며, 영화가 끝남에도 관객들은 자리에서 일어서지 못했다. 감동은 마음에서 일어나는 느낌이지만, 그보다 인생의 한길을 걸어오신 주인공의 철학과 사색의 흔적들이 더 커 가슴에 벅찬 감동으로 밀려왔다.

'땅에 쓰는 시'- 이 영화를 통해 한 인간의 철학과 집념이 어떻게 만들어지며 그것을 찾아 사명감으로 감동을 전해주는지 그저 놀랍다. 〈다큐〉가 시간과 공간의 예술이듯 어쩌면 인간의 삶도 시공을 소유로 한 예술이 아닐까.

  노년은 인생을 수확하는 늦가을 들녘이다. 이젠 추수한 곡식과 열매들을, 쭉정이를 골라내듯 가려내야 한다. 이때쯤은 살아온 시간이 고난과 조화를 이루는 것도 깨달을 때이다. 거둔다는 의미는 충분히 자라 완성되도록 하는 능력이다. 지나간 시간보다 다가올 마지막 삶을 위해, 나만의 '땅에 쓰는 시'를 쓰고 싶다. 이런 생각을 하게 된 것은 친구의 갑작스러운 죽음을 겪고서다.
  언젠가 나도 세상을 떠나면 적어도 내 묘지 앞에 '별이 빛나는 밤'의 사이프러스 한 그루가 서 있기를 바란다. 이 나무는 묘지공원에 심는 '언제나 푸름'이란 의미로 십자가를 만든다고 하지. 고흐의 '별이 빛나는 밤'에 그려진 그 옆 묘비 한 구절 "내 인생 별이 빛나는 이야기"가 땅에 쓰는 시가 되었으면 하는 작은 바람도 가져본다.

  어느새 예순의 세월을 훌쩍 넘기고 나니, 주변에서 만나는 자연이 새삼 다시 보이기 시작한다. 늘 쉽게만 보이던 숲과 나무들에서 아름다움을 느끼는 나름의 여유도 생겼다. 멋진 정원의 풍경보다는 들길이나 오솔길, 산속 언덕에서 만나는 야생풀 한 포기와 이름 모를 나무 한 그루가 새삼 아름다워 보이고, 밤에 별을 보는 시간이 늘어간다.

  이제 마지막 나의 묘비 옆 '땅에 쓰게 될 시'는, 그래서 "별이 빛나는 밤에 잠든다."이다.

인생은 아름다워

 '인생은 아름다워' 전시회가 '아트 조선 스페이스'에서 열렸다. 독일 뮌헨에서 살고 있는 '닥종이 인형' 김영희 작품전이다. 작가를 알게 된 것은 작품이 아니라 '아이를 잘 만드는 여자' '뮌헨의 노란 민들레'라는 에세이 책을 읽고 난 후였다. 1990년대 인기 도서 작가의 극적인 인생 여정과 도전적인 삶의 태도에 감동해서 '닥종이 인형' 작품을 찾아보았다.

2023. '인생은 아름다워' 전시회

〈출처〉2023. 아트조선 스페이스 전시 (자화상)

"작가는 제천의 중학교 미술 교사였다. 동료 교사인 남편을 만나 결혼하여 세 명의 아이를 낳았다. 그 후 남편과 사별하게 된다. 여기까지는 여자의 일생 중에서 보편적인 삶이다. 두 번째 14살 어린 독일 남자와 결혼하여 세 아이와 함께 독일로 떠난다. 독일에서 아이 두 명을 더 낳아 다섯 명이 된다. 다시 독일 두 번째 남편과 이혼한다." 라는 작가 소개의 글을 신문에서 읽었다. 작가의 인생여정이 여자의 삶으로 평범하지 않다고 생각 되었다.

작가는 독일 뮌헨에 살며 80세로 7년 만에 고국을 찾아 팔순 잔치처럼 '아트 조선 스페이스'에서 '인생은 아름다워' 작품전을 열었다. 소식을 듣고 망설임 없이 서울로 전시회를 보러 갔다. 우연히 TV '아침 마당' 프로에서 전시회와 작가의 인생 사랑에 대한 인터뷰를 들었다. 검은 원피스와 짧은 컷의 머리 모양은 세련되어 80세의 나이로 보이지 않았다. 인생에서 80세의 나이는 '가능성'이란 단어보다는 '쉼'이라는 단어가 어울린다고 생각된다. 오랜만에 작가의 근황이 궁금했다. 전시 기간이 얼마 남지 않아 마음이 급해진다. 다시 '김영희 작품전'을 볼 수 있는 기회가 되어 반가웠다.

그녀의 고백에 "남편과 사별하고 자식을 기르기 위한 생활과 생존을 위해 서울로 올라와 작품을 전시하려고 화랑을 찾아 문을 두드렸다. 하지만 모두 거절했다. 실망하고 세 아이와 살아나 갈 생계수단이 어려워 대학 스승에게 찾아가 도움을 청했다."라고 했다.
스승이 그녀의 안타까운 사연을 듣고 1978년 첫 전시회를 전시장이 아닌 '조선호텔' 로비 공간에 전시하는 기회를 주었다. "꿈이 간절하면 기회가 온다."라는 말이 있다. 작가의 간절한 꿈인 전시회는 전화위복이 되어 '닥종이 인형 작가' 김영희를 알리는 큰 계기가 되었다고 한다.

 '조선호텔'은 최고급 호텔로 우리나라를 찾는 외국 유명한 인사들이 많이 머무르는 곳이다. 조선호텔 로비에 닥종이 인형 전시회를 본 '내셔널지오그래픽' 기자가 인터뷰 기사를 잡지 한 면 가득 실어주어 독일까지 알려지게 되었다. 또 이 전시회 통역을 도와주던 젊은 청년이 두 번째 남편이었다. 너무도 극적인 상황들로 이루어진 인생 같다. 누구나 이런 용기를 결정할 수 있는 것은 아니다. 독일에서 두 명의 아이를 더 낳아 다섯 명의 자식을 기르면서 '아이를 잘 낳는 여자'라는 에세이로 베스트셀러 작가도 되었다.

 전시장에 '자화상'이란 제목으로 다섯 명의 자녀가 닥종이 인형 작품으로 전시되었다. 작품 주제는 가족, 엄마와 자녀들의 정겹고 따뜻한 일상들이 많이 표현되어 있었다. 닥종이 인형들은 몸은 통통하고, 얼굴은 둥글고, 눈은 감은 듯 가늘게 실눈을 뜨고, 입은 작은 동양인의 특징들로 만들어졌다. 모녀나 모자로 작가의 젊은 시절 추억이며 자식과의 사랑들이 스며 있어 가족의 감성을 따뜻하게 표현했다. 닥종이로 한 올 한 올 꼬아서 만들거나 붙여가며 입체감을 살리려 손에 지문이 없어지고 거칠어졌다는 이야기도 있다.

 '하늘 보기'작품은 옷을 벗은 어린아이가 엉덩이 밑으로 얼굴을 내밀어 하늘 보는 익살이 보여 웃음이 났다. 동화 속 이야기처럼 보였다.

 닥종이는 순수한 우리 고유의 한지로 보드랍고 연약하면서 동시에 잘 찢기지 않으며 질긴 특성이 있다. 서정적이고 토속적인 동양의 정서를 보여주는 닥종이 인형 작품들은 유럽에서도 주목을 받고 있다.

　닥종이를 수없이 찢고 찢어 겹겹이 붙이는 과정이 시간의 궤적이 쌓여 이루어지는 인생과 같다고 작가는 말했다.

　최신작에는 생활 속 오브제들, 와인 병, 와인 잔, 치즈가 채색되지 않는 닥종이 고유의 흰색 모노톤 색상으로 표현되어 현대적인 감각이 보였다. 작가는 "흰색은 우리나라 고유의 정서와 문화를 담고 있다. 자신을 내세우지 않고 겸손하며 마음을 비우는 미덕을 상징하는 색이다."라고 설명했다.

　'엄마와 노래를' '책 읽어주는 엄마' '엄마의 머리 손질' '엄마와 요리를' 작품마다 가족의 모습과 사랑이 보인다. 인생에 엄마라는 존재보다 더 사랑을 주고받는 사람은 없다. 어릴 적 넉넉하지는 않지만, 엄마 품 안에서 엄마와 함께하는 놀이는 살아가는데 넉넉한 감성을 얻는다. 작품은 이런 따뜻한 감성으로 표현되어 있었다. 어릴 적 마음의 향수가 가슴에서 피어나 그리워진다.

　'인생은 아름다워' 전시회는 1층에는 인형 작품들이 45점 전시되었고, 2층에는 회화작품 11점이 있었다. 2층에는 작가의 독일 뮌헨 자택 정원이 소개되는 사계절 풍경이 담긴 영상을 볼 수 있다. 그녀는 꽃을 좋아해서 정원에 많은 꽃들이 피어 있고, 꽃을 가꾸는 모습이 영상에 나온다. 그녀가 사는 정원 일상 영상의 사계절 풍경이 모두 담겨서 너무 좋았다. 정서와 삶이 보이고 80세의 예술에 대한 열정이 보여 존경스러웠다.

　독일에서도 뮌헨이란 도시에 대한 특별한 향수를 갖고 있다. 대학시절 '전혜린'이란 젊은 시인의 '그리고 아무 말도 하지 않았다.'의 에세이를 읽었다. 대학 시절 젊은 청춘의 감성에 빠져 전혜린을 좋아했다. 그녀는 뮌헨에서 살았다. 31살의 나이로 생을 마감한 절박함이 전혜린이 살았던 뮌헨 도시를 가보고 싶었던 동경이 있었기 때문이다. 뮌헨의 노란 민들레가 핀 모습을 직접 눈이 아닌 글 속에서 보아서 가슴에 남아 있다. 뮌헨 도시의 향수가 청춘의 한 페이지 기록에 남아 있다. 작가는 아직도 뮌헨에 살고 있어 막연한 내 동경의 도시에 대한 회색빛 청춘의 꿈이 존재한다.

작가는 "꽃은 한지와 비슷하다고 했다. 꽃을 자세히 보면 아주 가느다랗고 섬세한 줄기들이 모여 이루어져 있는데, 마치 이 모습이 한지의 섬유처럼 보인다."라고 말했다.

전시를 보러 시청에서 내려 걸어가는 그 길에는 정동 극장, 덕수궁, 대한성공회 수녀원, 등의 건물들이 고풍스러워 언덕길을 오르며 마음이 설레여 즐겁고 행복했다. 전시장의 관람자들은 거의 중년들이 많았다. 어느덧 육십 고개도 넘어 칠순이라는 나이도 눈앞이다. 나보다 세월을 더 산 그녀의 삶과 '아름다운 인생 이야기' 전시회 작품에서 느껴져 부럽기도 하고 닮아보고 싶었다. 이제 김영희 작품전은 마지막이 되지 않을까? 하는 아쉬움도 있다. 전시장을 다시 한번 더 둘러보았다.

'인생은 아름다워' 주제나 작품 인형의 얼굴에서 오래된 옛 정서를 불러오는 모습이어서 중년에 맞는 감성일 것이다. 작품 사진도 찍어 저장했다. 작품 앞에서 내 모습도 찍었다.

80세 잔치에 초대되어 그의 도전적인 삶과 다시 새로운 사랑에 도전하며 칠십이 되어 연애편지를 썼다는 사랑의 이야기는 부럽기도 했다. 인생이란 최고의 예술 작품이 되고 어떠한 영화보다 강렬한 이야기가 인생일 것이다. 유명한 작가들은 전시회를 화려하게 하는데, 김영희 작가는 유명세와 달리 거창한 판프렛도 없이 작품이 실린 신문만 있었다. 전시도 무료 관람이었다. 요즘 세상에 흔치 않은 작가임이 더 존경스러웠다. 인생은 힘들고 어렵기도 하지만 산다는 것은 아름다운 여행이 된다.

작가의 순탄하지 않은 삶도 작품에 대한 열정도 다시 찾아온 사랑을 누림도 모두 아름다운 인생 여정이었다고 생각하고 싶다. 전시회를 보고 돌아오는 내 발걸음에도 작품 속 아름다움이 묻어나 행복했다.

행복한 작가의 사랑

　27년이나 걸렸다. 그는 왜 이 소설을 썼을까… 나의 이런 궁금증은 "나의 삶, 나의 소명"에 초청『군함도』를 출간한 한수산 작가의 강연에서 풀렸다. 작가를 처음 만난 것은 20대 청춘 '부초' '해빙기의 아침'에서였다. 강원도가 동향이라는 점에서 독자가 되었다. 문학적 관심이 많았던 청춘 시절에 한 작가를 좋아하는 선배가 있어 사담도 곁에서 많이 들었다. 그런 내가 문학을 접고 교사로 살면서 오랫동안 한수산 작가를 잊고 지냈다.

　그 사이 1981년 "한수산 작가 필화사건"을 알게 되었다. 〈중앙일보〉에 '욕망의 거리'에 당시 제5공화국 최고위층의 모독과 군사정권 비판을 담고 있다는 필화사건이었다. 국가에서 글을 쓰지 못하게 한다는 절망은 작가에게 너무 가혹했을 것이다. 그 후 극히 일부분인 지엽적 표현이 정권의 억지로 문제 삼아 비인간적 결과를 낳은 사건으로 평가되고 있다. 그가 다시 4년간 침묵을 깨고 쓴 것이 '군함도'이다. 강연 중에 고문과 옥살이로 "이게 나의 조국인가?"라는 절망 속에서 일본으로 떠났다고 했다. 생활이 어렵던 시절에 일본에서 다시 글을 쓰도록 한 것은 "나의 위대한 독자들"이었다고 했다. 이 필화사건 후 작가의 책이 서점 구석 먼지에 덮여 있던 옛 책까지 독자들의 아름다운 사랑으로 모두 팔렸다고 했다.

"사랑한 한 작가를 잊지도, 버리지도 않은 독자들의 눈물겨운 사랑을 한시도 잊어서는 안 된다."라고 쓰러졌던 자신을 일으켜 다시 글을 쓰기 시작했는지 모른다. 이렇게 눈물겨운 관심과 사랑의 작품이 '군함도'이다. 아직 '군함도'를 읽지 못했다. 작가의 입을 통해 생생하게 내 귀에 저장하고 메모와 강의에서 들은 이야기는 가슴에 묵직하게 닿았다. 작가를 꿈꾸는 내게 그의 이야기는 교훈처럼 들렸다. 작가는 모름지기 사실적 체험과 많은 준비로 주인공의 진정한 휴머니즘을 내면의 고뇌로 처절하게 써내려 가야 한다는 경험을 알게 되었다.

그는 1991년 일본에서 첫 군함도 취재를 시작했다. 열다섯 살 피폭자 소년 '서정우'를 만나 "이 병들고 늙은 70세 노인으로 남의 땅에서 죽어가게 했는가?"하는 생생한 증언을 들었다고 한다. '군함도'는 27년이란 기나긴 시간 끝에 완성되었다. 한 인간의 삶에서도 27년의 세월은 인생이 역전하고도 남는 기간일 것이다.

27년을 거쳐 작품을 완성하였다는 작가의 강연을 듣는 순간, 감동을 넘어 기적과 인간 승리로 가슴이 저렸다.

이 세상 모든 글은 삶의 조각과 여백이 모여 자신의 인생을 기록한다. 삶에는 때론 위기가 기회가 된다. 필화사건이란 위기가 '군함도'를 집필하는 기회가 된 것같다. 지금은 출판도 자유스러워 나이를 불문하고 많은 책들이 신간으로 출간되어 전시된다. '베스트

셀러'가 되어 많은 작가가 등단한다. 인기 작가라고 다 감동과 삶의 가치를 전달하기는 어렵다. 강연에서 한수산 작가는 첫 시도로 "소설 '해는 뜨고 해는 지고'의 원고 7,000매를 다 버린 채 새로운 원고를 시작했다. 다시 '까마귀' 5,300매의 분량을 2,000매만 남긴 채, 3,300매 분량을 버리고, 1,500매의 글을 다시 썼으며, '군함도'는 무려 27년이 걸렸다고 했다." 작가의 끝없는 집념이다.

이제 한 작가의 나이 일흔일곱이다. '70세'란 나이는 일을 할 수도 안 할 수도, 살 수도 죽을 수도 있는 모든 가능성이 열려있는 나이이다. 어느새 70세를 향해 달려가고 있는 나는, 늦깎이 작가의 삶을 배워가고 있다. '군함도'를 완성하기 위한 처절한 몸부림과 현장을 찾아 체험한 고뇌를 상상해 보는 것조차 어렵다. 그것은 마치 숙명처럼 쓰지 않으면, 안되는 소설이었을 것이다.

40년간의 교직을 마치고 나서 인생 제2막을 '글을 쓰는 꿈'을 갖기로 했다. 올여름, 마침내 그 꿈의 첫 입새에 섰다. 삶의 일기장을 펼치고 하루하루를 기록하고 있는 나는, 자유롭게 글을 쓰는 시간만큼은 가을하늘의 새털구름처럼 여유롭고 행복하기까지 하다. 나이를 먹으면 망원경으로 먼 곳까지 바라볼 수 있는 것처럼 시야가 넓어진다. 좀 더 삶의 여유를 갖고 살 수 있는 시간이 노년이다. 살아갈 힘이 조용히 혼자서 글을 쓰는 시간에 찾아와 주어 고맙다.

오늘도 글을 쓰려고 책상에 앉아 펜을 잡고 하얀 종이 위에 꿈을 수놓고 있는 '나'는, 과연 더없이 행복한 작가가 될 수 있을까.

'마우리치오 카텔란'의 고독한 퍼포먼스

　리움 미술관은 2023년 첫 전시로 '마우리치오 카텔란'의 〈WE〉의 기획전을 오픈했다. 가장 논쟁적인 작가이다. 전시회가 100% 예약제이다. 코로나로 인원수 제한과 시간 간격이 정해져 편하게 볼 수도 없는 것이 예약제 전시회의 불편함이다.
　현대미술 조각의 '마우리치오 카텔란'이란 작가와 작품이 매우 궁금했다. 리움 미술관의 첫 기획전이란 소식에 기대도 컸다. 다행히 사전 예약이 되어 사월 비 내리는 날씨에도 '마우리치오 카텔란' 전시를 찾아갔다.
　언젠가 뉴스에서 바나나를 테이프로 붙여 놓았는데 누군가 먹어버렸다는 황당한 작품 전시에 대해 들었는데, 카텔란 작가였다. 리움 미술관 홈페이지에서 '마우리치오 카텔란' 작가 기획전에 초대된 글도 꼼꼼히 읽어 보았다.

　"마우리치오 카텔란은 현대미술 작가 중에서 도발적인 유머러스한 풍자로 권위와 파괴라는 고정관념에 대한 도전 작가라고 불린다. 작품을 통념 속에 자신을 가두지 않으려는 미술계의 침입자라고 그를 평했다."라는 해설을 읽었다.

  비가 내리는 날에도 관람객이 많았다. 작가의 첫 전시회를 궁금하게 생각하여 찾았을 것이다. 작가 자신이 미술계의 침입자라고 하며 도발적이고 파격적인 작품들이 많이 곳곳에 자유스럽게 전시되어 있었다. 일반적인 전시 작품은 벽에 고정되어 있다. 그러나 카텔란 전시는 입구에, 전시장 천장에, 구석에, 벽면에, 바닥을 뚫어서 자유스럽게 전시되어 있어 모르고 지나치기 쉬워 자세히 찾아가며 작품을 감상해야 했다.
  "그에게 예술과 작품에 허용한 소재에 대한 논쟁은 끝이 없었다."라는 평을 읽었다. 작품들은 가식과 인위성을 비웃으며 상상과 자유의 세계를 날아다니고 있는 것 같았다.
  "예술 작품은 관객의 반응 없이 존재하지 않는다고 한다. 단순한 도발은 금방 잊히지만, 더 큰 위대한 무언가를 쏟아 내려고 말로 떠드는 대신 힘센 이미지로 생각을 강하게 전파하고 싶다고 했다."라는 작가의 생각과 평론을 읽어보고 작품을 감상하면 좀 더 쉽게 이해되어 진다.

  작가의 정체성과 냉소적인 작품 상상의 특유한 재치가 전시장 작품에는 넘치고 있었다. 보통은 일상에 유머러스하게 일어나는 일들을 작가는 블랙 유머의 의미 있는 작품으로 표현되어 전시되었다. 노골적인 풍자와 기발한 선을 넘는 작품은 공포와 괴로움으로 표현되고 설치되었다. 작품을 보는 동안 작가의 의도적인 퍼포먼스에 메시지가 담겨 있어서 감상하면서 혼란스럽기도 했다.

'오디오 마이크'를 대여해 작품 감상을 했다. 가이드 설명 없이는 작가의 의도를 파악하기 매우 어려웠다.

　삶과 죽음의 갈림길에서 경험하는 두려움을 희망으로 전달하려는 작가의 의지 개인적 서사와 익살스럽게 표현되어 감상이 어려웠다. 미술의 신화를 농담처럼 벗겨 버리고 싶은 작가의 의도가 많이 보였다. 의미를 무시하고 무질서하고 혼란스럽게 '카텔란'은 정체성을 냉소적으로 재현하며 역설적으로 표현했다고 본다.

　전시장 입구 로비에 누워 있는 '노숙자' 작품으로 전시가 시작되었다. 관심과 주의를 기울이지 않으면 사실적인 노숙자의 모습이 현실적인 공간에 있어 무심코 지나칠 수 있는 곳으로 입구에 전시되어 있었다. 아마 작가는 '노숙자' 작품 위치를 자신 작품과 작품이 아닌 것을 의도적으로 관람자들에게 판단하기 어렵게 보여주려고 했을 것이다. 작품의 미적 가치를 회피하는 대신 더 깊은 모순을 드러내어 관람자들을 당황스럽게 했다.

　내가 생각하고 있는 현대미술의 특징인 기존의 절대 권위도 그의 작품에는 모두 해체되어 있었다. 하나의 정답이 아닌 작가의 고독한 정신으로 몰입과 창조의 세계에 자기의 한계를 극복해 낸 고통을 작품 속에 사실적으로 표현했다고 본다.

　전시장 곳곳에 평화의 상징인 비둘기 박제품들이 자연스럽게 작품으로 흩어져 있었다. 천장에는 축 늘어진 말이 시선을 사로잡고 매달려 있었다. 너무 사실적이지만 현실과는 다른 장소에 있는 작품들은 감상하기에 낯설기도 했다. 작가 창의성의 의도일 것이다.

　'코미디언'이란 제목으로 생바나나가 덕 테이프 화판에 붙여져 있었다. 자연스레 자연물이 썩어갈 것을 예술 작품으로 보여주고 비싼 가격에 팔리는 퍼포먼스를 어떻게 침묵하며 감상해야 할까? 이해가 되지 않았다. 붙어 있는 바나나를 전시장에서 누군가 먹었다는 사실은 실수라기 보다 작가의 의도적 퍼포먼스로 더 유명해졌다. 작가의 발상에는 끝이 없어 보인다.

무릎을 꿇고 기도 중인 소년의 모습을 가까이 들여다보니 '히틀러' 얼굴 모습이다. 히틀러의 유대인 학살에 대한 참회를 보여주고자 작가는 소년의 모습을 '히틀러' 얼굴을 빌려서 표현했다. 작가는 작품에 자신의 모습을 사실적으로 재현하여 표현한 작품이 여러 개 있었다.

'요한 바로 2세' 교황은 운석에 맞아 전시장 바닥에 쓰러져 누워 있었다. 이건 눈을 질끈 감은 체 붉은 카펫에 누워 있는 교황의 모습이 권위와 신념에 대한 종교의 관행을 비판하고자 했을까? 하는 생각을 해 보았다. 교황이 전시장 바닥에 운석으로 맞아 쓰러져 있는 작품을 보면서 너무나 다양하게 고발하는 작가의 메시지도 신선하고 놀랍다.

9.11 테러를 진압한 뉴욕 경찰 '프랭크 제이미'는 거꾸로 벽에 매달려 있었다. 9.11 테러에서 뉴욕 경찰로 테러로부터 국민을 지키지 못한 참회의 고발의 의미일 것 같았다. 미국 사회 공권력의 부재를 고발하는 사건을 해학적으로 생생한 경찰의 모습을 거꾸로 매달아 보여주었다.

작가의 어린 시절 일찍 세상을 떠난 어머니를 영원하게 간직하고 싶어 엄마 모습을 작품으로 냉장고에 넣었다. 냉장고 속에 조각된 엄마 모습이 보여주는 섬뜩함과 그의 끝없는 도전은 무엇을 의미하는 걸까? 냉장고에 엄마를 넣어 오래 간직하고 싶은 작가의 의도가 보였다.

영화 '양철북'에 나오는 '양철북 치는 소년' 작품은 전시장 천장에서 눈에 띄지 않았지만, 가끔 북소리를 울려 작품의 존재를 알리며 관심을 끌며 북을 치고 있었다.

침대 위에 나란히 두 사람이 작가 자신 얼굴로 누워 있는 이중적 자화상을 표현하였다. 그리고 전시장 바닥에 직접 구멍을 뚫고 나오는 얼굴 작품의 표정에는 작가 자신의 얼굴 모습이었다. 전시장 바닥을 뚫어가며 자신을 표현하고 싶은 의도는 누구도 생각할 수 없는 주제가 될 것이다. 그러나 전혀 두려움 없이 작품을 보여주는 것이 보는 사람들을 당황스럽고 고독하게 만든다.

성조기 위에 검게 칠하고 실탄을 발사한 자국의 다양한 형상 이미지들은 훼손된 국가 이미지를 역설적으로 밤하늘의 별처럼 보였다. 성조기를 관통한 총알 자국에 지워지지 않는 국가의 트라우마와 희망적 메시지를 보여주고 있었다.

많은 작품 중에서 〈모두〉는 보는 순간 흰 천에 덮인 대리석의 여러 구의 시체에서 엄숙함이 느껴졌다. 구체적으로 묘사된 신체 부위는 없지만 흰 천으로 덮여 섬세하게 표현된 시신 작품을 보면 현실적으로 보이지 않았다. 흰 천의 주름위에 숭고한 인간의 죽음에 대한 존재감을 보여주려는 듯했다. 카펫 위에 흰 천으로 덮어버린 시신 조각 마네킹 작품은 익명의 죽음에 대한 비극을 표현하려고 했을 것이다. 참혹한 현장을 마주한 관람자는 전시장에 누워있는 아홉 구의 시체 앞에서 비극적인 사건을 떠올리게 해 주었다.

마지막 전시장 공간에 사진 촬영이 금지된 '비티칸 시스티나 성당' 내부 공간을 축소한 복제된 성당 내부를 사실적으로 표현했다. 바티칸 성당 천장의 천지창조, 최후의 심판, 미켈란젤로의 벽화의 연대별 작품은 원본에 대한 존재를 확장하여 감상할 수 있어서 긴 줄을 서서 기다리고 난 후 감상할 수 있었다.

학교라는 사회에 좀처럼 적응하기 어려웠던 작가 자신의 어린 시절을 상징하는 아기 코끼리를 눈 코 입을 뚫린 흰 천으로 뒤집어쓰고 서 있었다. 죽은 듯 누워 있는 인물과 주인이 일어나기만을 기다리는 듯 얌전히 기다리며 응시하는 개가 있는 '숨'이라는 작품은 인간과 동물의 교감 된 정서를 보여주었다.

전시장 1층과 2층 바닥과 천장 구석과 입구 로비에 전시된 입체 작품과 평면 작품 작품에 있는 'QR코드'와 작품 설명 '오디오 마이크'로 설명을 들어가며 감상했다. 현대조각 작품 전시를 많이 보지 못했다. 더욱 현대 조각가의 전시 흐름에 대해 많은 상식도 부족했다. 그렇지만, '마우리치오 카텔란' 전시를 왜 기획하게 했는지 작품을 보고 나름 답을 찾을 수 있었다.

작가는 예술과 창조라는 상호 관계를 상관없이 자신 의도만으로 표현한 것이 아닐까 하는 생각을 했다. 작가의 정직한 퍼포먼스는 고독과 절망이라기보다 사건에 대한 더 앞서 사회에 대한 고발과 약자들의 외침으로 보였다. 작가의 관점에서 일상적 통념을 벗어나 자신의 의도적인 표현이 고정관념을 벗어나 고독해 보였다.

새로운 의도의 작품을 보고서 현대미술의 방향에 대해 이해하려고 했다. '카텔란' 작품을 감상하면서 현대 조각의 새로운 표현이 작가의 고독한 퍼포먼스를 받아들이기에 아직은 낯설었다.

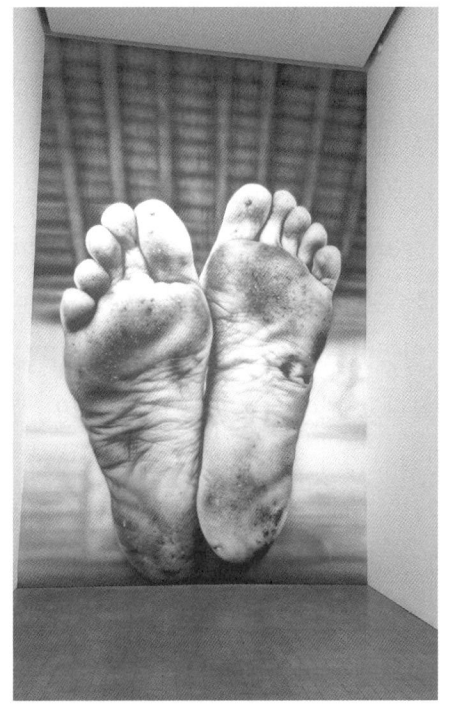

출처〈23년, 리움미술관 마우리치오 카텔란 WE 전시 작품, 아버지〉
"본 작품의 발바닥은 카텔란 본인의 발바닥이라고 한다. 발바닥은 자신의 살아온 단면을 보여주는데, 어려서부터 온갖 고생을 한 카텔란 자신의 발을 통해 아버지의 의미를 되묻는다"라고 했다.

어느 가수의 파리 이야기

'아침마당' TV 프로그램에 정미조 가수가 나왔다. 1970년대 여고 시절에 '개여울' 노래를 애창했었다. 한동안 그 가수가 보이지 않아 잊혔다가 그리운 추억의 한 페이지가 생각이 나서 반가웠다. 방송에서 "그녀는 프랑스 유학 시절 그린 작품 70여 점과 음악 콘서트에서 직접 입었던 '고 앙드레 김'의 드레스 14벌도 모교인 이화여대에 기증한다고 했다." 호기심과 존경심이 생겼다. 방송 중에 이화여대 박물관에서 개교 137주년을 기념하는 작품 전시와 '세대 공감 콘서트'를 연다고 했다. 공연을 보러 갔다. 좋아하는 '낭만 가객 최백호'와 공연을 함께하여 더욱 기대가 컸다.

그 가수는 콘서트에서 "1979년 파리로 홀로 유학을 떠났고, 13년간 파리대학에서 미술을 공부하며 박사 학위를 받고 돌아왔다."라고 이야기 했다. 파리에서 머물던 8층 오래된 아파트 옥탑방에서 지독한 외로움을 겪었고, 아파트 창문을 통해 으스름한 가로등 불빛 넘어 센강과 노트르담 성당 그리고, 에펠탑 위로 캄캄한 고요가 내려앉을 때까지 하염없이 바라보며 향수를 달랬다고 했다. "파리의 야경이 너무도 아름다웠다."라고 하며 그 후 야경을 연작으로 많이 그렸다고 말했다. 그 이유로 전시회 주제를 '야경'으로 선택했다고 들려주었다.

어느새 인생 육십 끝자락을 지나니 청춘시대에 좋아했던 가수나 화가들이 은퇴하거나 이미 고인이 되셨다. 다시 만나보기 어렵다. 얼마 전 가수 '현미'도 공연을 마치고 돌아와 타계하셨다는 뉴스에 가슴 한편이 짠하고 서글퍼진다. 나의 인생 애창곡이 현미의 '밤안개'라 더욱 안타까웠다. 10여 년 전 콘서트에서 현미 '밤안개'를 라이브로 들었는데, 다시 들을 수 없다. 젊은 가수의 콘서트보다 앞으로 좋아하는 7080 가수들의 콘서트를 찾아서 보기로 마음먹었다.

정미조 콘서트와 전시회를 보러 아침 일찍 서울행 기차를 탔다. 창밖 오월의 신록 싱그럽고 물오른 초록빛 색이 너무 예쁘다. 진하지도 연하지도 않은 이때쯤 오월의 초록은 어떤 물감으로도 섞여 표현할 수 없는 살아있는 윤기 있는 색이다.
　오래전 양구에서 근무했을 때 월요일 아침 일찍 차를 운전하며 창밖으로 굽이굽이 이어지는 오월의 산자락 '배후령'의 고개를 넘을 때면 마음이 감성에 젖었다. 소양강 줄기와 용화산 숲의 초록은 마치 양탄자 같은 환상에 빠져 뛰어내리고 싶은 유혹의 마음이 잠시 들기도 했었다. 이 얘기를 다른 사람에게 말하면 "어, 정말 위험해" 했다. 뛰어내려도 녹색 양탄자가 있어 살겠다는 얘기인데, 그런 마음을 이해하지 못했다. 그 말에 나는 혼자 피식 웃는다.

좋아하는 공연과 전시회를 보러 떠나는 여행은 가슴을 부풀게 하며 행복감을 준다.

　난 전생 집시였을까? 아니면 나그네였을까, 마냥 창밖 푸름의 초록 기운을 만끽하자. 일상의 잡념이 씻기어 후련하게 가벼운 마음이다. 산에는 아카시아꽃들이 흰 종처럼 수없이 매달려 있다. 낮게 땅에는 '흰 망초' 꽃도 얼굴을 내밀었다. 기차, 길 따라 다가오는 터널의 어둠도 잠시 인생에서 찾아오는 어둠과 같다. 곧 지나면 빛이 찾아와 어둠을 끌고 간다. 이보다 신나는 일이 있을까?

　전시장에 개막식 오픈 첫 작품은 '파리풍경'의 야경 작품들이다. 나는 '몽마르트르'의 작품 앞에서 한참을 서 있었다. 십 년 전 유럽여행 중 프랑스에 갔을 때 몽마르트르 언덕을 거닐었던 잊을 수 없는 추억 때문이었다. 너무 인상적이어서 꼭 한 번 더 그곳에 가 보고 싶었다. 그녀는 15년 가수로 35년 화가로 인생의 길을 가고 있다. 파리 유학 시절 "많은 외로움으로 눈물을 흘렸지만, 후회는 없다."라고 말했다. 후회하지 않으려 내가 속한 것이 저 파리야경 어딘가에 있다는 생각이 들고서야 위안이 찾아왔다고 했다. 홀로 창밖 야경을 그리며 외로움을 달래며 위로하는 그 어둠의 야경 작품들이 감동을 주었다. 파리 시내가 내려다보이는 야경에 흠뻑 빠져서 작품을 그렸다고 한다. 작품 앞에서 나도 파리 센강 야경 속에 빠졌다. 우울한 저녁이면 '샹송'을 부르며 외로움을 달랬다는 '토크 콘서트'의 고백이 내 마음과 같다.

　'외로움'이란 예술가의 창작 조건과 고독한 뿌리처럼 느껴진다. 이제 그녀는 칠십 중반이다. 최근 조금씩 눈이 불편해서 콘서트에도 연한 선글라스를 쓰고 있었다. 80세에 하려던 콘서트와 전시를 그 이유로 앞당겼다고 한다. 더 늦기 전에 자신의 작품을 보여 주려 용기를 냈다고 털어놓았다. 그녀를 더 만나기는 쉽지 않을 듯 해 노래 부르는 모습을 한 컷 찍어 저장했다. 흰색 슈트와 검정 바지 정장이 단아하고 고풍스러움이 어울려 예술가 그 가수의 낭만이 느껴진다.

'삶이란' '예술이란' '인생이란' 여정에 자신의 꿈을 찾아 다다르는 길에서 잠시 존재와 행복감의 선물을 받는 것이 아닐까?
그 가수가 콘서트에서 부른 '이브 몽탕의 고엽'의 샹송은 너무 환상적이었다. 노래에 "낙엽이 무수히 모이네요./ 봐요./ 난 잊지 않았어요./ 추억과 후회도 마찬가지이죠."의 가사는 전율과 함께 달콤하게 돌아와서도 내 귓가에 맴돈다. 최백호의 '낭만에 대하여'는 그의 낮고 탁한 목소리로 불러야 위스키 한잔에 취한 낭만과 사랑과 외로움이 느껴지는 건 무엇일까?
그녀의 노래 최근 음반 중에 "이제 그 섬에 가서 깨진 조각들을 맞추어 볼까?" "바람 같은 날을 살다가 전하는 노래를 들을까?"라는 노년기 마무리하는 삶의 의미에 맞는 주제 같다. 모처럼 일상을 벗어나 '정미조 토크 콘서트'를 보고 돌아오는 기차 안에서 오랜만에 추억의 마음이 낭만으로 충만해지는 감동은 내게 준 선물 같은 축제가 되었다.
'젊은 날의 영혼'의 정미조의 샹송 노래가 마음으로 들려온다.

나의 '올드 워크'

'나의 올드 워크'는 영화제목이다. 지난해 칸 영화제 경쟁 부문 마지막 상영작이다. 칠월이 되면 '차근차근 상영전'이 시작되었다. 춘천 영화제에서 '나의 올드 워크'를 보았다. 주로 다큐멘터리나 독립 영화가 많다. 상영관에서 보지 못한 '나의 올드 워크' 켄 로치 감독 영화를 볼 수 있어 좋았다. 영화의 내용이 따뜻하고 잔잔한 마음이 여러 겹으로 이어준다. 절망과 슬픔을 밀고 올라오는 감동이 짙은 영화로 남았다.

영화가 끝나도 엔딩 자막이 올라갈 때까지 관람자 모두 박수를 보내며 객석에선 쉽게 일어나지 못했다. 주인공들의 세대를 초월한 사랑과 인간애의 우정에 빠져 그 감동의 먹먹함에 조용한 침묵의 시간이 흘러서 멈춰진 듯 영화관에 침묵이 흘렀다. 잠시 다시 또 보고 싶은 마음이 들기도 한다. '켄 로치' 감독의 작품은 잔잔한 감동으로 마음을 빼앗겼다. 이 거장의 감독은 칸 영화제에서 '황금종려상'을 세 번이나 받았다. 세 번의 수상에서 말해주듯 영화를 통해 약자의 사회를 다시 희망을 찾아가는 모습을 배우들의 연기가 아닌 실제로 그곳 주변에서 주인공을 찾아 만들었다고 시사회에서 들었다. 연기의 어색함보다 실제의 진지한 삶의 모습에 작가의 연출은 영화의 호흡을 감동적으로 몰고 가는 지름길일 것이다. 2023년 87세 고령에도 '나의 올드 워크' 영화를 내놓으며 감독은 마지막 은퇴작품이라고 말했다.

  이 작품 외에도 '보리밭을 흔드는 바람'은 70세 만든 작품이고 '나 다니엘 블레이크'는 80세 때 작품으로 황금종려상을 받았다. '나의 올드 워크'는 사회의 약자를 대변하는 감독의 26번째 영화이다. 서민들의 가식 없는 모습과 사회적 갈등이 감독의 따뜻한 시선으로 영화 곳곳에서 감동을 준다. 과거의 상처를 통해 희망을 전하는 영화였다.
  "우리가 살고 있는 세계는 지금 위험한 지점에 와 있다. 희망의 메시지를 제공해야 한다."하는 감독의 말이 현실적인 구호로 들린다. 지구 반대편 영화 이야기에 우리의 이야기 같은 묵직한 사회 현실의 어려움들이 느껴지는 감동의 영화였다.

  영화에서 주인공들이 어려운 현실에서도 소외된 사람들이 서로 배려와 어려움을 이겨 내려는 모습에서 인간적인 따뜻한 마음을 느끼게 한다. 사회 곳곳에서 일어나는 소외당하고 살아가는 하층민인 주인공이 사회의 기득권 안에서 고군분투하는 삶이 녹아들어 있는 작품이었다. 지구는 오랜 전쟁으로 세계 곳곳에 난민들이 늘어나 사회 문제가 되고 있다. 난민정책과 정치의 현안 이슈로 뉴스에 많이 나온다. 난민들 탈출 광경은 자유를 찾는 기적을 바라는 삶 앞에서 처절한 용기가 필요할 것 같다. 분단과 전쟁은 지구 곳곳에서 삶을 찾는 자유의 의지로 목숨을 걸고 고통을 견디는 난민의 처참한 현실이 안타까웠다. 이 영화도 쇠락한 폐광촌을 배경으로 좌절하는 불안한 인간 심리로 절망과 고통을 겪는 폐광촌에 시리아 난민들이 들어온다. 어느 날부터 마을에 갑자기 정착하는 사건이 무기력해진 주민들의 난민 혐오에서 폭력적인 행동으로 맞서고 갈등이 커지며 일어나는 이야기가 영화의 줄거리다.

'나의 올드 워크' 영화 주인공은 '펍'을 운영하는 주인인 'TJ'는 난민 소녀 사진작가가 꿈인 '야라'를 도우며 우정과 함께 갈등을 풀어간다. 주민들의 불만이 고조되는 시기에 영국 정부에서 허가한 시리아 난민이 이 마을에 집단 이주하게 되면서 주민들과 갈등을 빚는다. 이 난민 버스에 탄 소녀가 가방을 그 마을의 불량 청년이 소녀의 가방 안 카메라를 꺼내어 장난을 치다 떨어뜨렸다. 소녀의 카메라는 아버지가 꿈을 향한 소녀에게 준 마지막 선물이라 더없이 소중한 것이다. 망가뜨린 범인을 찾고자 'TJ'를 찾아가 도움을 청하며 둘 사이 우정으로 영화가 전개되는 줄거리이다. 지금도 영국 북동쪽 '더럼 폐광촌'에는 광부 축제가 열리고 있다고 한다.

"우리는 함께 먹을 때 더 단단해진다."라는 탄광의 구호를 되살리려는 축제가 열린다. 혐오와 차별에 맞서는 저항이 보통의 일상에서 가능할까? 라는 의문을 감독은 슬픔을 나누는 법을 새삼 발견하게 되는 교훈을 알려주어 주민들이 변하는 모습에서 감동을 주는 영화다. 폐광으로 마음도 피폐해진 감정들이 달라질 수 있을까? 하지만 영화에서 사회의 어두운 삶의 현장에서 슬픔을 나누는 법을 보여준다. 주민들은 이제 희망과 '연대'라는 주제로 감독의 마지막 메시지가 전해진다. '용기' '저항' '연대'라는 슬로건은 현실에서 가치를 잃었기 때문이 아니라 사람들이 스스로 그 가치를 버린 것이라는 생각을 했다. 약자를 만들어 폭력으로 소모하는 것이 현실에서는 더 빠르고 중요할지 모른다.

폐광 노동자들이 마을에 정착한 난민들에게 비인간적인 화풀이를 하는 것도 인간 심리에 자연스러움이다. 광산이란 경기가 좋을 때보다 폐광되면 어둠과 절망의 도시로 변한다.
우리나라도 석탄산업의 몰락이 탄광 폐쇄로 이어진 태백과 고한 "사북 사태"는 경제적 낙후와 광부들의 어려운 삶을 보여주었다. 탄광촌을 살리기 위해 '카지노'를 만들어 경제를 살리려는 노력이 있었다. 실효가 있는지 더 다른 문제는 없는지 쉽지 않다.
영화를 통해 감독은 폐광촌 마을에 어두운 현실을 알려주는 뒷면에 인간에게 남아 있는 작은 사랑과 연대하며 이루는 힘을 보여주려 했을 것이다. 만만치 않은 세상을 버틸 수 있게 하는 그것만이 삶의 고통을 작게 덜어주며 죽지 않고 살아갈 힘을 준다는 감동을 제시한다. 노동자와 서민을 주인공으로 사회를 통찰하는 감독을 '블루칼라 시인'이라고 불리는 만큼 작품에 시가 써지고 따뜻하고 인간적인 감동을 준다.

"사람은 원래 삶이 힘들면 아래를 봐. 약자를 낙인찍는 게 쉬우니까."라고 감독은 주인공을 빌려 말을 들려준다. '나의 올드 오크'는 연대하는 걸 두려워하거나 연대 가능성을 의심하지 말라고 전해준다. 혐오에 빠진 이들의 목소리가 커지면 세력이 다수인 것처럼 과장되어 진다. 사람은 자기 어깨를 내어주고 또 다른 이의 어깨에 기대어 위로받을 준비를 기다리는 게 삶의 모습이다. 마지막으로 영화에서 "연대는 자선 활동이 아니다. 모두 함께 참여하고 모두 도움받는 것"이라고 메세지를 전해주었다.

켄 로치 감독의 고령에도 끊임없이 좋은 작품을 내놓는 거장의 훌륭함에 존경스럽다. 삶에서 가끔 좋은 영화는 한 권의 책이 주는 감동보다 더 생생하다.

뭉크 작품의 '절규'

'뭉크'의 생애와 예술세계를 볼 수 있는 전시회가 한가람 미술관에서 열렸다. 이번 뭉크 전시는 아시아 최대 규모로 '뭉크미술관'을 포함 23개의 소장처에서 140여 점을 14개 구분으로 나누어 전시하고 있다는 팸플릿을 읽었다. 대가이기도 하고 뭉크의 원작을 볼 수 있는 기회가 없었다. 그래서 이번 전시회를 찾았다. 미술관 입구 전면 벽에 그림은 역시 대표하는 '절규' 포스터 작품이 보였다. 그 앞에서 절규의 표정으로 한 컷을 찍었다. 특별히 좋아하는 작가는 아니지만 '절규 원화 작품'은 꼭 보고 싶었다. 그는 미술사에서 서양 미술의 표현주의 대표 화가였다. 뭉크의 '절규' 작품은 20세기를 상징하는 대표적 작품으로 가장 많은 복제를 한 그림이라고 한다. 이 작품을 처음 알게 된 것은 1972년 중학교 미술 시간 교과서 그림에서 보았다. 작품에서 표현된 공포와 불안이 극도로 표현되어 있어 보는 사람도 불안감이 전해진 그림으로 오래 기억에 남아 있었다.

'절규'의 단어는 사전에 "있는 힘을 다하여 절절하고 애타게 부르짖음"이라 했다. 작품에서 '절규'의 외침의 목소리는 무엇이었을까? 작품을 자세하게 보면 작가의 두려움과 공황, 극한의 공포를 진동하는 표정과 대각선으로 그어진 다리 난간 풍경, 그리고 과장되게 기울어진 배경을 통해 인물이 그려져 있다. 작품 속에 고립된 공포로 인물은 정서적 상태와 강박적인 우울감의 표정을 선명하게 드러내고 있다.

　작품에 보여주는 우울감은 뭉크의 생애를 찾아보면 어린 시절부터 질병, 죽음, 애도를 겪으며 자란 환경에서 나온 것 같다. 그의 어머니는 여동생을 낳은 후 결핵으로 30세에 사망했고, 뭉크도 13세에 결핵에 걸렸었고 누나 소피가 결핵으로 죽음을 맞이했다고 도록에서 읽었다. 이러한 트라우마는 〈병든 아이〉〈임종의 자리에서〉와 같은 작품으로 뭉크의 기억에 죽음과 삶을 고스란히 담아낸 작품들이다. 뭉크는 독신으로 살았으며 정신적으로 신경쇠약의 병이 있었다. 노년에 접어들어서는 오른쪽 눈의 파열로 인해 실명 상태에 이르기도 했으며 일생이 우울함에 빠져 있었다고 한다. 하지만 그의 우울과 실명은 클로즈업 '자화상' 연작을 탄생하는 계기가 되었다. 예술가의 작품은 창작이지만 고난 속에서 고통의 경험에서 벗어나려는 아니 외로움과 고독을 극복하려는 절규가 아니었을까.

　뭉크가 '절규' 작품을 그린 그의 불안감을 표현한 일기장에 자세하게 기록되어 있다고 전시장에 설명이 있었다. 충분히 그날의 일기에 공포와 불안을 알 수 있었다.

"해 질 무렵 두 친구와 함께 길을 걷고 있을 때, 갑자기 하늘이 피처럼 물들었다. 걸음을 멈추고 무언가 말로 표현하기 힘든 피로감을 느껴 난간에 기대었다. 홍수와도 같은 불길이 검푸른 피오르 위에 뻗어 있었다. 친구들은 걸어가고 있었지만 나는 뒤처져서 공포에 떨고 있었다. 그때 나는 자연의 거대하고 무한한 비명을 들었다."라고 일기에 썼다.

에드바르 뭉크는 화가로, 판화가로 표현주의 선구자다. 또 유럽 현대 미술의 대표적인 인물이기도 하다. 이번 전시는 뭉크의 예술적 공헌을 조망하며 그의 독특한 화풍과 혁신적인 표현 기법을 깊이 다루고 있는 작품을 직접 감상할 수 있었다. 서울에 대가 들의 작품 전시회가 오면 기회를 놓치지 않고 본다. 전시장 작품에는 색 배열의 탈피, 표면 긁기, 자연 노출 등 파격적인 실험으로 그려진 작품과 판화들이 많았다. 화집에서 보았던 영화의 요소를 작품에 도입해 전통적 매체의 경계를 허물기도 한 기존 회화의 개념을 무시한 작품들이 많아서 뭉크의 작품에 더 기대가 컸다. '핸드 컬러드' 판화로 제작된 작품들이 많이 전시되었다. 이는 유럽에서도 보기 드문 규모로 공개되었다고 소개하고 있다.

뭉크는 인간의 심오한 감정인 삶과 죽음, 사랑, 불안, 고독 등을 상징적으로 표현한 화가다. '절규'를 보면 왜곡된 형태와 강렬한 색감을 통해 자신의 감정을 담아 작품을 표현했다. 그의 독창적 표현은 회화뿐만이 아니라 표현주의 예술에도 큰 영향을 주었다고 평론가들은 말한다. 실험적이고 파격적인 작품으로 모더니즘에 이바지했고, 전통적 예술 규범을 무시하고 있어 보수적인 비평가들은 도발하기도 했다. 미완성처럼 보이는 회화와 판화에 에디션 넘버와 서명을 포함하지 않는 특징이 있다. 그의 대표작 〈절규 The Scream〉를 비롯한 작품들은 개인적 경험을 반영하여 강한 호소력으로 현대 미술의 상징이 되었다. 인간의 내면과 감정을 탐구하는 방향으로 전환했고, 1880년 후반에는 풍경을 인간의 감정을 반영하는 배경으로 활용하기도 했다는 설명 글을 읽고 새로운 감상력이 생겼다.

뭉크의 '자화상'에는 그의 삶을 엿보면 자신의 어두운 내면을 볼 수 있으며 말년에 행복한 모습을 보이기도 했다고 한다. 작품에는 물감의 투명성을 이용하여 여러 겹 칠하고 긁어내는 기법으로 자신만의 독특한 스타일을 만들었다. 그 의미로 전시장엔 다음 글이 있다.

"나는 자연으로부터 그리지 않는다. 나는 그 영역으로부터 그림을 얻는다."라고 했다.

'병든 아이'라는 작품은 누나 소피가 폐결핵으로 일찍이 세상을 떠나기 전 모습을 담고 있다. 이 작품에는 슬픔과 애도가 느껴진다. 노르웨이에서 태어났지만, 프랑스 센강과 니스의 화려한 지중해 풍경을 그렸다. 이 시기의 작품들은 점점 더 주관적이고 감정적으로 변해가는 과정을 보여주고 있다. 프랑스의 경험은 그의 예술적 방향을 결정짓는 전환점이 되었다고 했다. 그 작품들은 더욱 강렬한 표현주의 요소들이 특징적이다. '생클루의 밤'의 작품은 실의와 슬픔, 우울한 불안감을 강조하여 표현했다. 덴마크 시인 에마누엘 골드 스타인이 창가에 앉아 절망에 빠진 모습으로 그려져 있다.

이 그림은 아버지의 죽음 이후 뭉크 자신의 심정을 보여준 것으로 보인다. 창틀은 공허한 방바닥에 이중 십자가 그림자가 보이고 모자를 쓴 남자는 밤 속으로 녹아든다. 창문은 외부와 내부 세계의 경계로 우울한 장면의 중심 요소이다. 그는 가족의 죽음에 대한 슬픔이 늘 따라다니며 우울감을 준 듯 작품에 많이 표현되어 있었다.

　뭉크가 사용했던 '로스 쿠어' 기법은 환영적인 물감층과 화면의 물리적 완전성을 공격하며 입체적 실체로서 작품의 파괴를 계산한 혁명적인 처리 방식을 보여준다는 것을 처음 알았다.
　'새의 프리즈' 작품은 삶의 순환을 주제로 생식, 배아, 생명의 나무, 유년기, 청년기, 매혹, 이별, 절망, 절규의 다양한 주제를 다룬다. 이러한 주제는 뭉크의 작품 전반에 걸쳐 나타나며 이를 통해 사랑. 고통, 우울, 죽음에 상징적이고 강렬한 표현으로 발전시켰다. 뭉크의 대표작 '절규'는 처음 유화로 제작되었고, 추가로 세 점을 더 그렸다고 전해진다. 이번 전시 작품은 석판화 위에 컬러드로잉을 더한 작품이 많이 전시되었다.

　전시를 보고 나와 잠시 나에게 절규는 무엇이었을까? 생각이 들었다. 삶에서 필요한 절규들이 있다. 나의 절규는 하나님에게 기도할 때 혼자서 외친다. 목이 메도록 부르짖을 간절한 절규는 사랑이다. 뭉크의 '절규'는 간절한 삶에서 얻어지는 사랑의 표현이었을 것이다.

'고흐'의 자화상

　12년 만에 다시 불멸의 화가 '고흐 전시회'가 찾아왔다. 크릴로 뮐러 미술관이 소장한 원화 76점이 전시되었다는 기사를 읽었다. 고흐라는 화가를 불꽃 같은 삶을 살다 간 천재 화가라고 많이 알려졌다. 이번 고흐 전시회는 예술적 여정을 재조명하게 되는 좋은 기회일 것이다. 대규모 전시로 연일 관람객이 많다는 뉴스를 듣고 관람을 미루었다. 붐비지 않고 조용하게 감상하려고 전시가 끝나는 이틀 전에 찾았다. 삼월 중순 날씨도 많이 풀려 봄 날씨이다. 입장권 대기 줄도 길지 않아서 좋았다. 전시회장은 '빈센트 반 고흐'의 생애별로 작품이 전시되어 있었다.

　고흐라는 화가를 처음 알게 된 것은 중학교 2학년 미술 교과서에 나오는 '해바라기' 작품이었다. 미술 선생님은 시험 문제에 꼭 고흐의 대표 작품을 출제하셨다. 서양 미술사에서 중요하게 기억하라는 의미같다. 후기 인상파의 3대 화가인 고흐, 고갱, 세잔으로 고흐는 고갱과는 인연이 깊고 좋아해 같이 살기 시작했지만, 스타

일과 성격과 의견이 달라서 고갱은 떠났다. 헤어지고 난 후 고흐는 삶의 방향성이 흔들리며 자신의 왼쪽 귀를 자르고 불완전한 정신으로 아를의 정신 병원에 입원 하게 된다.

고흐의 초기 작품에는 인물화가 많다. 화가의 영혼 깊숙이 인간에 대한 진실 된 모습을 그려내고자 하는 인간의 사랑이었다고 느껴진다. "네덜란드 시기를 지난 1886년 프랑스에서 작품은 자신의 화풍을 정립하는 기틀을 마련한 시기였다고 말한다. 인상파에 맞는 빛을 발견한 시기에 점묘화 기법으로 색채의 효과를 빛이 차지하는 새로운 양식을 만들어 냈다. 아돌프 몽티셀리의 색을 두껍게 바르는 '임파스토 기법'을 터득하고 새로운 사조의 개성적 표현의 작품들이 이 시기에 그려진 작품이 많았다."고 전시장에 소개되어 읽었다.

고흐의 가장 격정적인 시기는 남프랑스 아를(Arles)의 시기이다. 태양보다 더 눈에 부시고 불꽃보다 강렬한 색채로 화가 인생의 가장 훌륭한 작품을 남겼다. 육체적 정신적 고통을 안고 정신 병원에서 살았던 이 시기에 '해바라기' 일곱 점이 완성되었다고 도록에 나온다. 정신적 고통을 작품에 대한 열정과 의지로 이겨내기 위해 이 시기 작품을 보면 거칠고 강렬한 붓 터치와 원색적인 황금빛 색채로 표현되어 있었다. 현실의 고통을 더 깊고 강하게 표현된 것이라는 생각이 들어 작품에 몰입해서 전시장에서 원작의 세밀한 터치를 찾아가며 감상했다. 그런데 이번 고흐 전시회에서는 사진 찍는 것이 허락되지 않아 아쉬웠다.

오베르의 정신 병원에서 가셰의 의사 보호 아래 그림을 그리다

비운의 삶을 마감한다. 그의 삶과 사랑의 현실은 어두웠지만, 그의 작품은 어둠을 뚫고 빛의 색채로 칠해져 있다. 진정한 예술의 열정에 담긴 혼을 100년이 지난 지금에도 그의 작품을 보면 느낄 수 있는 게 아닌가 한다.

그런데 고흐를 처음 알게 한 '해바라기' 작품은 이번 전시장에 없어서 아쉬웠다. 고흐의 대표적 '자화상' 작품이 있는 앞에는 관람객의 줄이 길었다. '자화상'을 가장 많이 그린 화가가 고흐이다. 자화상이란 자신의 모습을 그리는 것이라 외모의 표현만이 아니라 마음속 영혼까지 표현되어야 하는 어려움이 있다. 사람의 얼굴에는 마음속까지 많은 표정을 내포하고 있어 쉽지 않다. 더욱 고흐의 '귀 잘린 모습의 붕대를 감고 있는 자화상'에 불안한 눈빛과 요동치는 표정에는 그의 고독한 삶과 고통을 보여준다.

교사 시절 수행평가에 고흐의 감상문을 쓰도록 했다. 수업 시간에 고흐의 일생과 대표 작품을 설명하며 영상을 보여주고 감상문을 쓰도록 했다. 학생들에게 고흐의 감상문을 쓰도록 한 이유는 '후기 인상파'가 미술 사조의 흐름에 특히 고흐의 영향이 크고 중요해서였다. 하지만 고흐는 생전에 주목받지 못하고 많은 고난과 역경으로 일찍 자신의 목숨까지 버리는 불운의 화가지만 지금 고흐의 작품 평가는 높고 주목 받는 화가로 알려져 있다. 더욱 형 고흐를 위해 뒷바라지한 동생 테오의 헌신적인 형과 나눈 편지들은 '반 고흐, 영혼의 편지'로 출간되어 많이 알려져 있다.

고흐는 색을 통한 단순한 명암대비의 기능을 살려 빛이 아닌 색채 효과로 빛이 차지하는 중요성을 표현한 인상파 화가이다.

유화의 '아돌프 몽티셀리'의 색을 두껍게 바르는 기법으로 빛의 색감을 개성적인 터치와 재질감이 살아 있다. "나도 무언가가 될 수 있다."라는 네덜란드 시기에는 조금씩 불가능하다고 생각한 것들을 함께 할 수 있다는 자신감으로 동생 테오의 도움을 받으며 그림에 몰두한 시기였다고 전해진다.

　네덜란드 시기에 그림 작품에는 빛의 발견으로 이어진 다음의 파리 시기를 맞이한다. 기법적으로 채 완숙하지 못한 자신의 재능을 보완하기 위해 큰 노력을 기울이며 파리에 도착해 많이 그렸던 꽃 그림들은 이제껏 보지 못한 고흐의 그림들이 전시되어 새로웠다.

　고흐의 '씨뿌리는 사람'의 그림은 성경에서 마태복음의 최후의 심판을 묘사한 것으로 알려져 있다. "하느님이 땅에 인류의 씨앗을 뿌리고 마지막 날에 돌아와 추수하는 방법을 이야기한다."고 했다. 늘 고흐의 그림 속에서 존재하는 태양의 황금색은 따뜻하고 인상적이며 경이롭다.

　고흐는 생전에 공식적으로 단 한 점의 그림을 팔며 가난하고 우울한 삶을 간직한 화가이다. 지금이야 고흐의 재발견에 이 시대 누구나 이름을 알 수 있는 대표적인 화가다. 살아있을 때는 인정받지 못했다. 한 화가의 작품을 통한 인생 과정을 보면, 행복한 시기보다 불행한 시기가 더 깊게 존재한다. 예술이란 것이 고통 속에서 빛과 열정으로 창작을 통해 풀어내는지도 모른다. 예술가의 삶에서 기질, 무의식, 트라우마가 작품에 어떤 영향을 미쳤는지 고흐의 작품을 보면 느낄 수 있다. 선명한 빛의 색채는 거칠었지만, 독특한 표현으로 지금까지 인상파 화가로 가장 유명하다.

프랑스 파리에서의 색채 탐구, 아를에서의 열정적 창작, 생레미에서의 고뇌, 오베르쉬르우아즈에서의 마지막 순간까지 그의 삶은 고독과 고통의 몸부림으로 작품에 열정을 쏟았다. 화가는 그림으로 말하고 그림은 그의 언어이고 영혼의 글이다. 고흐의 '밤의 풍경'을 보면 밤은 검은색을 쓰지 않고 어둠을 별빛으로 표현했으며, 그 밤은 성찰의 시간과 휴식의 시간으로 보여 작품의 이야깃거리가 담겨 있어 유명하다. 동생과 나눈 편지의 글에도 작품의 고난에 대한 글로 절절하고 영혼을 위한 편지글이 주는 감동도 뭉클하다. 가난해서 모델을 구할 수 없어 자신의 주변에서 만나는 가난한 사람들을 그린 '감자 먹는 사람들' 작품 속 사람들의 표정은 우울해 보인다. 그의 우울은 영혼의 작품을 창조하는 빛의 등불로 밝혀졌을 것이다.

고흐 작품의 가치는 고흐가 살아온 삶의 값이다. 비록 생전에는 빛을 보지 못했지만, 100년이 지난 후 동생 테오 부인의 발견으로 오늘 세상에 빛을 주는 화가로 37년 짧은 세상을 살았던 가장 유명한 화가임은 틀림없다. 이번 전시에 '별이 빛나는 밤' '해바라기' 작품을 볼 수 없어 아쉬움이 남았다. 고흐의 자화상 작품 앞에서 고독한 삶의 모습이 카페테라스에서 밤하늘 강렬한 별처럼 느껴진다. 살아가면서 만난 화가들의 삶과 남기고 간 작품 속에서 주는 교훈을 하나씩 얻으면서 나만의 인생 메뉴얼도 하나씩 쌓여간다. 화가들의 삶과 함께 나 역시 성장하고 싶다. 고흐의 마지막 작품 아를르 황금빛 들판이 멀리 내 마음속에 보이는 듯 하다.

친구 '로사 이정선'의 遺作
동화 | **부추 된장죽**

| 동화 |

부추 된장죽

로사 이정선

"아으, 왜 이러지?"

해빈이는 두팔로 자기 몸을 묶을 듯이 배를 움켜잡았다. 급하게 현관문을 밀치고 화장실로 뛰어들었다. 구부린 등과 찌푸리진 얼굴에서 '아, 아' 소리가 새어 나왔다.

"벌써 몇 번째야?" 중얼거리며 고개를 옆으로 흔들었다.

"푸웅!" 소리가 해빈이 귓전에 들려왔다. 할머니 등장 신호였다.

"할머니?" 해빈이 간신히 말했다.

할머니가 소리를 지를 때나, 커다란 소쿠리를 내려 놓을 때나, 급히 발걸음을 재촉할 때 자주 들을 수 있는 소리였다. 할머니는 작은 오토바이 배기통을 달고 다녔다. 처음엔 해빈이도 '악' 소리 지르며 코를 틀어잡았지만, 눈에 보이지도 않았고 별반 냄새도 없었다.

"왜, 또 배 아퍼? 그러게 아침에 화장실 꼭 가라 했 자 녀."

번개 할머니가 열린 문틈에 대고 커다란 목소리로 말했다.

"갔다 왔어, 할머니이."

덩달아 해빈이 목소리도 커졌다.

큰 목소리에 비해 마르고 작은 몸집의 할머니. 억척스럽고 일손도 빨라서 해빈 할머니는 동네에서 '번개 할머니'라 불렸다. 할머니가 들어가도 될만한 커다란 소쿠리에 산나물을 그득하게 이고 다녔다. '푸웅' 소리와 함께 소쿠리를 거실 바닥에 내려놓은 할머니는 이리저리 분주했다. 번개 할머니는 급히 흰 죽을 쑤었다. 구수한 냄새가 집안에 퍼졌다.

"으이구, 어린 것이 먹기라도 해야지. 어여와, 뜨끈할 때 좀 먹어봐."

할머니 재촉에 식탁에 앉은 해빈이는 한 숟가락 떠서 입에 대보다 말고 죽 그릇만 휘저었다. 숟가락을 슬그머니 식탁에 내려놓고 제 방으로 들어갔다. 책상 위 책꽂이에 기대앉은 해바라기 인형을 집어 들었다. 침대에 새우등허리로 누워 인형을 얼굴에 갖다 대었다. 아빠 생각이 났다.

"아빠, 엄지공주 집처럼 작고 예쁘다."

"맘에 들어? 이 집은 좋은 소식을 전해줄 거야."

세모 지붕을 머리에 인 우편함은 아빠가 일하는 공구상에서 재활용품을 활용해 만들었다. 우편함은 해빈이네가 사는 빌라 대문 옆에 자리 잡았다. 세모 지붕은 노란색으로 칠해서 가로등처럼 환했다.

"엄마, 벌써 배달왔어. 내 생일 선물."

해빈이의 들뜬 소리를 듣고 엄마 아빠는 서로 쳐다보며 눈을 찡긋했다. 세모 지붕 우편함에는 예쁜 선물이 들어 있었다. 엄마가 헌 옷가지로 만든 작은 해바라기 인형과 편지였다. 아직 해빈이는 '해빈, 엄마, 아빠'만 더듬더듬 읽을 무렵이었다. 엄마가 대신 읽어주었다.

"해님처럼 예쁜 해빈아, 생일 축하해! 엄마 아빠가"

갑작스러운 사고로 아빠가 하늘나라로 떠난 후 우편함은 환하게 웃어주는 아빠의 미소였다. 해빈이는 아빠의 미소를 그린 작은 카드를 접어서 넣기도 하고, 가끔은 집에 들어갈 때 " 아빠, 빨리 올 거지? 아빠, 편지해줄 거지?" 하며 손을 흔들고 집에 들어가기도 했다.

침대에서 일어난 해빈이 책상 맨 밑 서랍을 열었다. 동그마니 놓인 한 통의 편지. 얼마나 여닫았는지 편지는 뚜껑이 밖으로 둥글게 말려있었다. 말린 부분을 문질러 펼치고 그 위를 해바라기 인형으로 눌렀다. 웃고 있는 해바라기 인형이 슬퍼 보였다. 손을 많이 탄 인형 볼이 거무스레하였다.

'해빈아 엄마가 일을 좀 해야 해. 할머니 말씀 잘 듣고, 학교에 잘 다니고, 밥 잘 먹고, …… 엄마가 편지 할게.' 해빈이는 주문처럼 편지를 읊조렸다.

아빠가 떠난 후, 해빈 엄마는 슬픔에 젖을 겨를도 없이 마트로 식당으로 일거리를 쫓아 분주했다. 지쳐서 집에 돌아온 엄마는 불도 켜지 않은 채 어슴푸레한 창밖으로 노란 세모 지붕만 바라볼 뿐이었다.

"엄마, 나 내일 체험 학습 가."

"엄마, 엄마"

해빈이가 몇 번씩 큰 소리로 말해도 '으응' 할 뿐 엄마의 말소리 듣기가 어렵더니, 그렇게 힘겹게 몇 년을 버티다가 시골? 번개 할머니 집으로 왔다. 급하게 부친 택배 속에는 약간의 책과 옷가지 정도뿐이었다. 해빈이가 우겨서 우편함을 보자기로 싸매고 껴안고

왔다. 그 속에는 해바라기 인형이 앉아있었다.

이른 봄날, 번개 할머니 집에 도착한 엄마는 차려준 저녁밥을 먹는 내내 말이 없었다. 엄마의 말수가 없어진 건 오래되었다. 언제나 씩씩하던 번개 할머니도 기운 없이 가는 한숨만 내쉬었다.

"속 시끄러울 때 뜨끈한 부추죽이라도 좀 먹어보렴. 날이 춥네."

"……….."

엄마는 말이 없고 번개 할머니 혼자 말을 이어갔다.

"에미가 타국 땅에서 음식이나 입에 맞을지. 츳츳"

"삼봉 아재가 계시니. 해빈이 생각하며 열심히 해야죠."

엄마의 말소리는 멀리서 들리는 것처럼 낮고 흐렸다. 무슨 소린지 알아들어 보려고 무거운 눈꺼풀 대신 귀 기울이다가 까부룩 잠이 들었다. 다음 날 해빈이가 늦게 잠에서 깨어나 보니 엄마는 보이지 않았다. 작은 방 책상 위 우편함 속에 짧은 편지 한 통만을 남겼다.

"엄마는 저 바다 건너 삼봉 아재네로 갔으니 금시 올겨."

힘겹게 허리를 편 번개 할머니가 둔덕 저 멀리, 뻘 너머 흐린 바다를 보며 혼잣말을 했다. 그러구선 번개 할머니는 노란 세모 지붕 우편함을 들어다가 대문 옆 낮은 담장 위에 올렸다. 구멍 뚫린 시멘트 벽돌 사이로 노끈을 몇 바퀴 둘러 단단히 묶으며 말했다.

"암, 금시 올겨."

'해빈아, 엄마가 일을 좀 해야 해. 할머니 말씀 잘 듣고, 학교 잘 다니고, 밥 잘 먹고, ……해빈아, 엄마가 편지할게.'

해빈이는 학교 가는 길에도, 집으로 돌아오는 길에도 먼바다를 쳐다보며 엄마가 남기고 간 말을 되새겼다. '또 편지한다고 했는데.'

'분명히 학교도 잘 다니고, 번개 할머니 말씀도 잘 듣고 있는데. 왜 편지가 안 올까? 엄마도 내가 궁금할 텐데. 우체부 아저씨가 다른 집에 편지를 돌리다가 빠뜨렸을까?'

'아아~배가'

오늘도 컴컴한 빈 우편함을 들여다보던 해빈이는 자신의 배를 움켜쥐었다. 우편함은 쓸쓸해 보였고 비에 삭아서 시커멓다. 자그마한 세모 지붕은 노란빛을 잃었다. 지붕 아래 창문처럼 뚫린 곳으로 이 구석 저 구석 들여다보아도 속은 텅 비고 어둑할 뿐이었다.

빛바랜 세모 지붕 위로 엷은 연두빛을 띤 박새가 내려앉았다. 고개를 좌로 우로 얄밉게 까딱대며 해빈이를 살피다가 '휘리릭' 목련 나뭇가지 위로 날아갔다. 무슨 볼일이 있는지 움트는 나뭇가지를 건드리며 가지 주변을 이리저리 옮겨 다녔다.

아름이랑 집으로 오는 둔덕길로 들어서는데, 뒤에서 남자애들 떠드는 소리가 들렸다. 바닥에 자갈들을 걷어차 가끔은 아름이, 해빈이 근처까지 날아왔다. 왁자한 남자애들 속에서 달식이 목소리가 튀었다.

"야, 쟤도 엄마 없대."

"쟤네 엄마 도망간 거 아냐?"

누군가 작게 목소리를 낮추었지만 다 들으라고 말하는 심보였다. 해빈이는 눈과 귀 언저리가 화끈 달아올라 입술을 물었다.

"아냐, 우리 엄마 일하러 갔어." 크게 외쳤으나 해빈이가 낸 소리는 기어들었다. 숨을 급히 들이키며 마른 침만 삼켰다.

아름이가 휙 돌아보며 성큼성큼 다가갔다. 남자애들이 슬금슬금 흩어지고 달식이는 엉거주춤했다.

"아니거든."

아름이 어깨가 달식이 어깨 위를 눌러 밀치며 말했다.

"어 어, 에이 씨." 하며 달식이는 넘어지려다 땅바닥을 짚으며 일어섰다. 손바닥을 털어내며 낄낄대고 웃는 남자애들 무리로 달아났다.

"오늘 날씨도 따뜻한데 바닷가에 갈까?"

해빈이를 살피던 아름이가 말했다. 해빈이 울적한 낯빛으로 끄덕였다.

"바다 보니까 속이 시원해. 아름아! 이거 봐, 조개 많아."

모래 위를 걷던 해빈이 표정이 펴지며 말했다.

돌아보니 아름이는 모래사장 끝 데크 계단에 앉아있었다. 하염없이 바다 저 멀리 수평선을 바라보고 있었다. 해빈이 얼른 몇 걸음 뛰어가 소리쳤다.

"뭐해? 얼른 이리 와 조개 좀 봐."

"난 여기 앉아 파도 소리 듣는 게 너무 좋아. 나한테 말 해 주거든."

"무슨 말? 쏴아 쏴아 파도 소리 뿐인데,"

"많은 소리 들려. 엄마 아빠 잔소리, 큭. '잘 자거라, 잘 먹어라, 잘 놀아라.'"

"으응, 정말? 소곤소곤 들리네. 우리 아빠 잔소리도 들려, 신기해."

해빈이 웃으며 왼손으로 귓바퀴를 감싸고 파도 소리를 들었다.

"삼봉 아재네 일하러 간 엄마 잔소리도 들려."

"우리 바지락 주워서 할머니 갖다 주자"

"그래, 얼른 조금만 주워가자"

파도 소리는 점점 더 크게 달려오고 모래에 숨은 바지락을 줍는 게 너무 재미있었다.

"조심해, 너무 멀리 파도 가까이 가면 안돼"

바지락 줍기에 정신이 팔린 해빈이를 돌아보며 아름이가 말했다. 해빈이는 파도가 점점 다가오는 걸 몰랐다.

"해빈아, 얼른 이리와. 금방 물 때 닥친단 말이야."

"조금만 더"

아름이가 급히 와서 해빈이 손을 낚아채 데크 쪽으로 달려갔다. 손바닥에 움켜쥐고 있던 바지락 몇 개가 흩어졌다. 어느새 바닷물이 성큼 다가와 있었다.

"넌 왜 할머니랑 살아?"

저녁노을을 어깨에 두르고 조용히 다가오는 바다를 바라보던 해빈이 물었다. 하늘 높이 폭을 넓혀가는 노을빛을 받아 바다에 붉은빛이 반짝였다. 아름이의 시선은 먼바다 끝을 바라보고 있었다.

"엄마 아빠가 배를 몰고 바다에 나가서 돌아오지 않았어."

시선은 바다 끝닿은 데 둔 채로 아름이가 한참 만에 담담하게 말했다.

"그, 그래. 난 몰랐어, 미안해."

"괜찮아, 이젠. 가끔 이렇게 와서 엄마 아빠 잔소리 듣거든."

"맞아, 엄마 아빠 잔소리는 꼭 필요해. 흐흐"

"치, 안 쳐다 볼거야."

해빈이는 우편함을 외면한 채 뾰로통하니 집으로 들어가려 하였다. 그런데 박새가 노란 세모 지붕 밑으로 분주하게 들락날락하는 모습이 보였다. 부리에 가느다란 지푸라기도 물고 오고, 바람에 날아갈 듯한 솜털도 보였다. 두 마리 박새가 번갈아 가며 쉴 새 없이 마른 풀과 가는 나뭇가지들을 물고 들락거렸다. 틈을 보아 들여다보니 동그랗게 둥지를 만들고 있었다. 맞춤한 방처럼 아담하였다. 엄마 아빠 박새 같았다.

'엄마 소식도 없고, 그 세모 지붕 우편함 내가 빌려 줄게.'

"지들 집처럼 새끼들을 키워내다니. 좋은 소식 오려나 보다."

갑자기 들려온 '푸웅' 소리와 함께 번개 할머니가 혼잣말을 했다.

"우리 엄마가 만든 거야. 밤에 조금 덜 추울 거야."

해빈이는 손수건과 해바라기 헝겊 인형을 조심조심 구석 자리에 넣어주었다. 그리고 큰 글씨로 메모한 종이도 세모 지붕 위에 붙였다.

"편지는 마당에 던져 주세요."

해빈이는 이제 오갈 때마다 먼발치로 살펴보았다. 박새 두 마리가 쉴 새 없이 입에 벌레를 물고 들락거렸다. '비비 맘맘' 조잘대는 소리가 보채는 아기 같아 해빈이 마음도 함께 분주해졌다.

"저눔, 저눔이 우리 해빈이 박새를…"

번개 할머니는 막 담장으로 기어오르려는 뱀을 보고 번개같이 들고 있던 나무작대기를 휘둘렀다. 저 건너 달식이네 할머니와 품앗이로 텃밭에 콩을 심고 같이 점심 먹자고 집으로 들어오던 참이었다. 작대기에 꼬리를 맞은 뱀은 비틀대다가 쏜살같이 길섶의 풀 속으로 사라졌다.

"어이쿠, 허리야."

마음이 앞섰던 번개 할머니는 미끄러지며 넘어졌다.

"에구, 이를 어쩌나. 살살 조 심, 나를 잡아요."

달식 할머니가 번개 할머니를 부축해서 힘겹게 안방으로 들어갔다.

해빈이는 아름이네서 숙제 하다가 평소보다 조금 늦게 집에 들어왔다. 그런데 대문 옆 박새 집 앞을 달식이가 얼찐거리는 모습이 보였다.
"야, 너 뭐해? 왜 여기 있어?" 해빈이는 지난 일이 생각나 언짢은 마음을 내비치며 말했다.
"아무것도 아니야. 번개 할머니 다쳤다고 우리 할매가 가보랬어."
"뭐라고, 할머니이!" 해빈이 소리치며 집안으로 뛰어들었다.
"괜찮다. 걱정 말어." 하고 방에 누운 번개 할머니가 손을 내저었다.
잠시 후 달식이 부르는 소리에 문 앞에 나오니 작은 봉지를 내밀었다. 담뱃잎 가루가 든 봉지였다.
"우리집에 남아있던 담뱃잎 가루야. 뱀들 못 오게 박새 집 담장 밑에 뿌렸으니 나중에 한번 더 써." 하고는 부리나케 달려 가버렸다.

따뜻한 봄날, '삐리릭 삐비박' 말 많던 어느 날. 어미 새가 앞장서 날아오르니 씩씩한 맏이가 그 뒤를 따랐다. 한 마리, 또 한 마리 날아 올랐다. 막내가 난간에서 비틀대자 어미 새가 다가왔다. '엄마처럼 해봐' 하며 천천히 둥글게 큰 원을 돌다가 날아올랐다. 막내도 주변을 허둥지둥 돌다가 이내 솟구쳤다. 푸른 하늘을 향해 날아올랐다. 날개를 펼치고 날아가는 새들은 작지만 당차고 씩씩해 보였다.
"박새들아, 멀리멀리 날아가서 우리 엄마에게 소식 좀 전해줘!"
고개를 뒤로 제치고 해빈이는 두 손을 흔들었다. 박새들이 더 넓고 먼 하늘을 향해 날아간 것을 알았다. 눈을 가늘게 뜨고 바라보는 해빈이 입가에 대견한 미소가 번졌다.

해빈이는 방으로 들어와 두꺼운 책으로 눌러둔 편지 봉투를 꺼냈다. 찢어진 편지 조각을 책상 위에 펼치고 조각을 맞추었다. 스카치테이프를 짧게 잘라서 여러 군데 조심스럽게 붙였다.

"엄마, 편지 기다릴게." 하며 서랍 속에 편지를 넣고 홀가분해진 마음으로 할머니 방으로 갔다. 엉덩방아를 찧은 후 자주 드러눕는 번개 할머니가 걱정이 되었다.

"할머니 조금만 기다려 봐." 해빈이는 뒷산 둔덕에 올라 한참 돋아나기 시작한 약 부추를 한 망태기 뜯어왔다. 쌀 한 줌을 퍼서 여러 번 물로 씻고 불렸다. 엷게 된장을 풀고 불린 흰쌀을 넣어 먼저 뭉근하게 끓였다. 흰쌀이 다 퍼져 꺼룩해졌을 때, 총총 썬 부추를 넣고 한소끔 더 끓였다. 그리고 국간장, 백김치와 함께 식탁에 차렸다.

"할머니, 어여 부추 된장죽 먹어봐. 먹어야 기운 차리지."

"그려, 우리 해빈이 다 컸네."

그날 밤 해빈이는 꿈속에 훈훈한 바닷바람을 타고 날아오는 팔랑이는 새를 보았다. 새는 박새들이 떠나간 우편함 속으로 사뿐히 날아들었다.

※ 2025년 5월, 친구 로사 이정선의 딸이 엄마의 동화 작품을 찾아서 보내주었다. 딸은 "엄마가 완성하지 못한 글을 찾아 읽으며 엄마의 일기장을 보는 것 같았다고 했다." 이 글은 40년 함께했던 친구의 글이다. 그 친구는 일년 전 나와 스페인 여행을 함께 다녀온 후 갑자기 한달 만에 하늘에 별이 되어 떠났다. 친구의 유작을 찾아 내 에세이집 마지막에 함께 넣을 수 있어 기쁘다. 로사! 잘 있지?

에필로그

  퇴임해서 지금까지 6년간 꾸준히 글을 쓰며 발표해 왔다. 집중해서 내 마음속 생각을 글로 쓰는 시간은 무엇보다 일상에서 평온한 행복감을 느낀다. 초고를 거쳐 마지막 글을 정리하면서 부족한 마음을 갖고 망설여진다. 사이토 다카시는 "인생을 살아가는 힘은 혼자 글 쓰는 순간에 온다."라고 했다. 글 쓰기 위한 방법은 '직접' 펜을 잡는 것이고, 글쓰기로 삶을 바꾸는 방법은 '꾸준히' 쓰는 것이 작가의 길이다. 내 글이 완성되어 읽고 난 후 마음이 흔들리는 순간이 찾아온다. 마음이 흔들리면 부족하다는 생각이다. 흔들리고 난 다음 나를 어떻게 다잡을 것인지에 늘 고민하고 있다.

  쓰고 싶은 글을 쓰면 자신에게 필요한 것이 무엇인지 바라는 것이 무엇인지 알게 된다. 하지만 마음이 채워지지 않아 문장이 잘 나오지 않을 때는 부질없는 일에 집착해 본다. 아등바등 자꾸 시간에 쫓겨 안달이 난다. 글을 마음에 담아둔다는 건 그 글에 생각이 머문다는 뜻일 거다. 글을 쓰며 마음이 흔들리거나 꺾이는 순간을 몇 번이고 겪게 된다. 공간을 보면 그 공간을 사용하는 사람을 알 수 있듯이, 글 속에도 사람 마음과 공간의 취향이 느껴질 것이다.

'도란도란 은빛화실의 꿈'은 첫 번째 발간하는 에세이집이다. 퇴임 후 인생 버킷리스트인 '자서전'과 강원문화재단 '모레도, 뭘 해도 청춘' 프로젝트에 참여해 '작가로 꿈꾸는 첫 발자국' 작품집도 썼다. 노년에 자유롭게 글을 쓰면서 마음도 충만해지고 내면을 파고드는 내 삶을 더 깊게 바라볼 수 있어 좋은 시간이었다. 23년도 '현대 계간 문학'에 등단 후 계속해서 글을 쓰고 있다. 그동안에 써온 글이 40여 편이 모아졌다. 인생 도전으로 25년 '강원문화재단 전문 예술입문 지원'에 공모하여 선정되었다. 첫 도전의 성공에 앞으로 글을 더 잘 쓰라는 격려로 받아들이고 원고를 밤늦도록 정리했다. 부족한 실력을 위해 나만의 그물코를 만들어 세밀하게 통과한 글을 몇 번이고 읽어보았다. 아직 작가의 초행길은 작은 오솔길 같지만, 앞으로 정상을 향하여 큰 걸음을 걷고 싶다.

〈도란도란 은빛화실의 꿈〉은 4부작이다.

1부 여섯 살의 자화상
인생을 바라보는 이야기로 나의 첫 기억과 사진으로 본 '여섯 살의 자화상'을 글로 썼다. 보고 싶은 기억을 통한 엄마의 젊은 모습, 그 기억을 찾아 글을 썼다. 어린 시절에 깨닫지 못한 아버지의 사랑으로 그리움에 밀려 젊으신 아버지 모습을 찾아 따뜻한 행복을 회상하며 글을 썼다.

결혼하고 가족으로 만난 축복의 이름들이 있다. 딸, 교사, 아내, 며느리, 어머니, 시어머니, 할머니라는 이름들은 가을날 처마에 매달린 메주 각시처럼 책임감에 매여있다. 세월에 담긴 고마움과 인생의 자랑스러운 이야기를 남김없이 편안하게 썼다. 마지막 선물인 손주들의 이야기를 쓰면서 행복으로 마무리했다.

내 곁을 떠난 엄마의 기억과 젊은 날 아버지를 생각하며 쓴 글은 세월이 지났지만, 가슴 먹먹하고 매우 그립기도 했다. 딸과 아들에게 엄마의 글 이야기가 먼 훗날 어미가 떠난 후 자식에게 엄마의 행복한 순간을 기억해 주었으면 하는 바램의 고백이다.

2부 교단 40년의 기억들

첫 교단에서 새내기 교사의 시작에서부터 한길 40년 마지막 수업을 마친 열정의 순간들을 인생 역사 쓰기의 형식으로 적어 보았다. 가르치며 보람되고 성공한 제자들의 선물 이야기를 에피소드로 모아 콘서트의 '갈라 쇼' 같은 열정으로 한편의 시나리오를 완성한 감사한 마음이었다. "내 인생은 성공이야!!" 자신감으로 정리하며 썼다.

제자가 선물로 보내준 '팔레놉시스 난꽃'은 지금까지 곁에서 세월이 흘러도 반려식물로 매년 하얀 꽃을 피우는 이야기를 썼다. 교단 이야기를 쓰면서 40년의 세월이 고스란히 내 인생 역사로 존재하며 파노라마로 펼쳐져 마치 한편의 다큐처럼 생생하게 기억이 나기도 했다.

교단에서 누린 특혜도 있고, 제자의 알토란 같은 사랑도 있고, 동료와의 끈끈한 우정도 있고, 선배들의 사려 깊은 배려도 있어 교단에 오래 설 수 있었지 않았나 하는 감사한 마음도 새삼 느낀다.

3부 도란도란 은빛화실의 꿈

지난해 일 년 동안 '인생 나눔 교실'에서 멘토로 봉사한 이야기다. 사별 미술 심리치료 교실에서 만난 다양한 시니어 멘티들의 삶과 열정 이야기는 나에게 큰 감동을 주었다. 누구는 꿈을 간직하고 살며, 누구는 꿈을 잊은 채로 살고, 누구는 꿈을 이루려고 하는 것에는 나이의 한계가 없다는 것을 깨닫게 되었다.

'학사모 영정사진'의 간절한 꿈의 글이나 '행복한 할머니' 자서전의 글은 대단하고 진솔한 감성 이야기로 혼자 간직하고 잊을 수가 없어서 기록했다. 다양한 경험과 멘티들이 겪은 지난 삶의 슬픔과 외로움을 이기고 강건하게 지켜오신 이야기를 귀 기울여 들어드리며 나는 소중한 말씀을 글로 모았다. 노년의 삶의 모습이 인생의 끝이 아니라 남아 있는 꿈의 시작이라는 의미도 깨닫게 되었다.

4부 땅에 쓰는 시

글에서는 '스페인 여행 기행문'과 행복한 일상의 여행 이야기로 시작했다. 존경하는 한수산 작가, 김영희 화가, 정미조 가수, 콘서트 전시장을 찾아다니며 듣고 보았던 이야기를 기록했다.

서울로 전시회를 찾아다니며 만난 화가 뭉크, 고흐, 마우리치오 카텔란의 작품들에서 받은 진한 감동을 기록했다. 정다운 감독의 다큐 영화에서 받은 집념이 빚어낸 '땅에 쓰는 시'의 주인공의 업적이 세상에 얼마나 큰 영향으로 변화되는지를 실감했다. 80세의 고령에도 '황금종려상'을 세 번이나 받은 켄 로치 감독 '나의 올드 워크' 영화는 따뜻하고 잔잔한 마음이 여러 겹으로 이어주었다. 절망과 슬픔을 밀고 올라오는 감동이 짙은 영화로 남아 있다.

이렇게 내 모든 숨결이 살아 움직이며 열정으로 채워진 이야기들을 마무리하면서… 글을 쓰고 싶은 마음을 간직한 삶을 살아가는 것이야말로 진정한 용기라고 생각한다. 앞으로도 글을 쓰며 남은 삶의 여정을 마무리하고 평온하기를 기도한다.

끝으로 친구가 완성하지 못하고 간 글 속에서 동화 '부추 된장죽'을 찾아 친구의 딸이 메일로 보내왔다. 마지막 글에 먼저 갑자기 떠난 친구의 유작을 함께 넣을 수 있어 더 없이 기쁘다. 이번 책을 내며 인생을 사는 보람을 느꼈다.

책 제목의 글씨는 경현이가 써 주었고, 책 표지 그림은 주리의 작품이다. 모두 40년 지기 곁에 있는 친구들이다. 더욱 사랑하는 제자 동재가 그려준 캐리커쳐를 보고 뭉클한 감동을 느꼈다. 모두 이 한 권의 책을 완성하기 위한 소중한 인연들이라 고맙다.

지도해주시고 축하의 글을 써주신 이복수 교수님께 감사드립니다.